ALMANACH

DU

CRIME

ET DES CAUSES CÉLÈBRES

Françaises et Étrangères,

(1845)

Contenant un Choix

DES

PLUS INTÉRESSANTS PROCÈS

JUGÉS CETTE ANNÉE.

Recueillis et mis en ordre

PAR A. GARDEMBAS.

Prix : 50 cent.

PARIS

LIBRAIRIE DU PASSAGE D'HAR

RUE DE LA HARPE, 93

ET CHEZ LERICHE, PLACE DE I

1845

ALMANACH

DU

CRIME

ET DES CAUSES CÉLÈBRES

Françaises et Étrangères,

(1845)

Contenant un Choix

DES

PLUS INTÉRESSANTS PROCÈS

JUGÉS CETTE ANNÉE.

Recueillis et mis en ordre

PAR A. GARDEMBAS.

Prix : 50 cent.

PARIS

LIBRAIRIE DU PASSAGE D'HARCOURT,

RUE DE LA HARPE, 93,

ET CHEZ LERICHE, PLACE DE LA BOURSE, 13.

1845

CALENDRIER POUR 1845.

L'an 1845 est

l'ann. 6558   de la période Julienne.

— 2598 de la fondation de Rome selon Varron

— 2592 depuis l'ère de Nabonassar, fixée au mercredi 26 février de l'an 3967 de la période Julienne, ou 747 ans avant J.-C., selon les chronologistes et 746 suivant les astronomes.

2621 des Olympiades, ou la 1re anneé de la 656e Olympiade, commence en juillet 1845, en fixant l'ère des Olympiades 775 1|2 ans avant J.-C., ou vers le 1er juillet de l'an 3938 de la période Julienne.

— 1260 des Turcs, commence le 22 janvier 1844, et finit le 9 janvier 1845 selon l'usage de Constantinople, d'après l'*Art de vérifier les dates.*

— 1261 commence le 10 janvier 1845, et finit le 29 décembre suivant.

COMMENCEMENT DES SAISONS.

PRINTEMPS, le 20 mars,   à   5 h. 54 m. du soir.
ÉTÉ,   le 21 juin,   à   2 h. 52 m. du soir.
AUTOMNE, le 23 septembre, à 5 h. 3 m. du matin.
HIVER,   le 21 décembre, à 10 h. 56 m. du soir.

COMPUT ECCLÉSIAST.   QUATRE-TEMPS.

Nombre d'or en 1845.	5	Février.....12, 14 et 15
Epacte...........XXII		Mai.........14, 16 et 17
Cycle solaire.......	6	Septembre.. 17, 19 et 20
Indication romaine..	3	Décembre. 17, 19 et 20
Lettre dominicale.....	E	

Septuagésime,	19 janv.	Les Rameaux,	16 mars.
Sexagésime,	26 janv.	PAQUES,	23 mars.
Quinquagésime,	2 févr.	Quasimodo,	30 mars.
Cendres,	5 févr.	Les Rogations,	28 avril.
Quadragésime,	9 févr.	Ascension,	1er mai.
Reminiscere,	16 févr.	Pentecôte,	11 mai.
Oculi,	23 févr.	Trinité,	18 mai.
Lætare,	2 mars.	Fête-Dieu,	22 mai.
La Passion,	9 mars.	1er dim. de l'Av.	30 nov.

ECLIPSES DE 1845.

Le 6 mai, éclipse annulaire et partielle de soleil, visible à Paris; de 8 h. 41 m. à 10 h. 50 m. du matin.

Le 8 mai passage de Mercure sur le soleil, en partie visible à Paris;

Le 21 mai, éclipse totale de lune invisible à Paris;

Les 30 et 31 octobre, éclipse annulaire de soleil, invisible à Paris;

Les 13 et 14 novembre, éclipse partielle de lune, visible à Paris. Commencement, le 13, à 11 h. 19 m. du soir, et fin; le 14, à 2 h. 37 m. du matin.

STATISTIQUE PARISIENNE.

Tous les jours, il y a à Paris, en moyenne, suivant les documents officiels: — 1° deux faillites déclarées; — 2° 3,115 dépôts d'objets au Mont-de-Piété; — 3° 50 ventes par autorité de justice; — 4° deux morts violentes et 5|5; 5° 470 personnes qui entrent à l'hôpital; 6° 91 personnes qui meurent; — 7° 3,000 exploits lancés par 242 huissiers; — 8° 78 crimes et délits; 9° une personne 3|10 écrasée sur la voie publique et par les voitures; — 10° enfin, il faut que tous les jours, les habitants de Paris trouvent quatre millions de francs pour se loger, se nourrir, s'habiller et payer l'impôt.

A DIVERSES ÉPOQUES.

1754	Selon Mirabeau père.	18.000,107
1772	Selon Buffon,	21,672,777
1772	Selonn l'abbé d'Expilly,	22,014,357
1785	Selon Necker.	24,676.000
1787	Recensement officiel,	24,800,000
1791	Sous l'Assemblée Constituante.	26,593,075
1798	Selon M. de Prony,	26,048,250
1799	Selon M. Depère.	28.810,694
1815	Suivant le traité de paix.	29,236,000
1820	....	30,451,187
1827	Recensement officiel.	31,851,545
1832	Recensement officiel.	32,560,930
1837	Recensement officiel.	33,512,610
1842	Recensement officiel.	34,194,875

Rapports des éléments annuels de la population.

1059 habitants donnent............	33 naissances
et................	8 mariages.
10 mariages donnent...............	38 enfants.
Il naît 17 garçons pour............	16 filles.
10 enfants naturels pour..........	132 légitimes.
Sur 43 enfants naturels, il y a........	23 garçons.
Sur 31 enfants légitimes............	16 garçons.
Il y a pour 10 naissances...........	8 décès.
Pour 55 décès masculins............	54 féminins,
On compte une naissance sur........	42 habit. 1|10
1 décès sur...................	39 7|10.

Obliquité moyenne de l'écliptique, le 1er janvier 1845. (1) = 23°27'35",88.

CONCORDANCE DES CALENDRIERS GRÉGORIEN ET RÉPUBLICAIN.

Vendém. correspond à septem.	An 2. 1793.	An 3. 1794.	An 4. 1795.	An 5. 1796.	An 6. 1797.	An 7. 1798.	An 8. 1799.	An 9. 1800.	An 10. 1801.	An 11. 1802.	An 12. 1803.	An 13. 1804.	1806.
Vendé. 1er.	22 sept	22 s.	23 s.	22 s.	22 s.	22 s.	23 s.	2 3.	23 s.	25 s.	24 s.	23 s.	23
Brum. id.	22 octo	22 o.	23 o.	22 o.	22 o.	22 o.	23 o.	22 o.	23 o.	23 o.	24 o.	22 o.	22
Frim. id.	21 nov.	21 n.	22 n.	22 n.	21 n.	22 n.	21 n.	22 n.	22 n.	22 n.	23 n.	22 n.	23
Nivôse. id.	21 déc.	21 d.	22 d.	22 d.	21 d.	21 d.	21 d.	22 d.	22 d.	22 d.	23 d.	22 d.	22

Pluviôse correspond à Janvier.	An 2. 1794.	An 3. 1795.	An 4. 1796.	An 5. 1797.	An 6. 1798.	An 7. 1799.	An 8. 1800.	An 9. 1801.	An 10. 1802.	An 11. 1803.	An 12. 1804.	An 13. 1805.
Pluv. 1er.	20 janv	20 j.	21 j.	20 j.	20 j.	20 j.	21 j.	21 j.	21 j.	21 j.	22 j.	21 j.
Vent. id.	19 févr.	12 f.	20 f.	19 f.	19 f.	19 f.	20 f.	20 f.	20 f.	20 f.	21 f.	20 f.
Germ. id.	21 mars	21 m.	21 m.	21 m.	21 m.	21 m.	22 m.	22 m.	22 m.	22 m.	22 m.	22 m.
Floréal. id.	20 avril	20 a.	20 a.	20 a.	20 a.	20 a.	21 a.	21 a.	21 a.	21 a.	21 a.	21 a.
Prair. id.	20 mai.	20 m.	20 m.	20 m.	20 m.	20 m.	21 m.	21 m.	21 m.	21 m.	21 m.	21 m.
Messid. id.	19 juin.	19 j.	19 j.	19 j.	19 j.	19 j.	20 j.	20 j.	20 j.	20 j.	20 j.	20 j.
Therm. id.	18 juill.	19 j.	19 j.	19 j.	19 j.	19 j.	20 j.	20 j.	20 j.	20 j.	20 j.	20 j.
Fruct. id.	19 août	18 a.	18 a.	18 o.	18 a.	18 a.	19 a.	19 a.	19 a.	19 a.	19 a.	19 a.

JANVIER 1845.	FÉVRIER. 11
Les jcr. de 1 h. 4 m	Les j cr. de 1 h. 5o m
D. Q. le 1. N. L. le 8	N. L. le 6. P. Q. le 14.
P.Q. 15. P.L. 23. D.Q. 31	P. le 22.

		CIRCONCISION	1	s	s Ignace
—	s Basile,	2	D	PURIFICATION
2	ste Geneviève	3	l	s Blaise
4	s	s Rigobert	4	m	s Gilb.
5	D	s Siméon	5	m	CENDRES.
6	l	EPIPHANIE	6	j	s Wast
7	m	s Théaulon	7	v	s Romuald
8	m	s Lucien	8	s	s Jean de M.
9	j	s Furcy	9	D	QUADRAGÉSIME.
10	v	s Paul	10	l	ste Scholastiq.
11	s	s Théodore	11	m	s Sever
12	D	s Arcade	12	m	ste Eulalie
13	l	Bapt. de N. S.	13	j	s Lézin
14	m	s Hilaire	14	v	s Valentin
15	m	s Maur	15	s	s Faustin
16	j	s Guillaume	16	D	REMINISCERE.
17	v	s Antoine	17	l	s Silvain
18	s	Ch. s P. à R.	18	m	s Siméon
19	D	SEPTUAGÉSIME.	19	m	s Gabin
20	l	s Sébastien	20	j	s Eucher
21	m	ste Agnès	21	v	s Pépin
22	m	s Vincent	22	s	Ch. s P.
23	j	s Ildefonse	23	D	OCULI.
24	v	s Babylas	24	l	s Mathias
5	s	Conv. s Paul	25	m	s. Alexandre.
26	D	SEXAGÉSIME.	26	m	s Alexis
27	l	s Julien	27	j	s Léandre
28	m	s Charlemagne	28	v	s Romain
29	m	s Fr. de Sales		
30	j	ste Balthilde		
31	v	s Pierre, Nol		

2	MARS.	AVRIL.	

MARS.
Le j. cr. de 1 h. 48 m j.

D. Q. le 1. N. L. le 8.
P. Q. 16. P. L. 23. D. Q. 30.

1	s	s Aubin
2	D	LÆTARE.
3	l	ste Cunég.
4	m	s Casimir
5	m	s Drausin
6	j	ste Colette
7	v	s Thomas
8	s	s J. de Dieu
9	D	PASSION
10	l	s. Doctrove
11	m	s Euloge
12	m	s Pol
13	j	ste Euphrasie
14	v	s Lubin
15	s	s Longin
16	D	s RAMEAUX
17	l	ste Gert.
18	m	s Alexandre
19	m	s Joseph
20	j	s Vulfran
21	v	s Benoît
22	s	ste Lée
23	D	PAQUES
24	l	s. Siméon
25	m	ANNONCIATION
26	m	s Romuald
27	j	s Rupert
28	v	s Gontrand
29	s	s Eustache
30	D	QUASIMODO
31	l	ste Balbine

AVRIL.
Les j. cr. de 1 h. 38 m

N. L. le 6. P. Q. le 14.
P. L. le 22. D. Q. le 28.

1	m	s Hugues
2	m	s François P.
3	j	s Richard
4	v	s Ambroise
5	s	s. Zénon
6	D	ste Prudence
7	l	s Hégésippe
8	m	ste Perpétue
9	m	ste Marie Egy.
10	j	s Macaire
11	v	s Léon
12	s	s Jules
13	D	s Justin
14	l	s Tiburce
15	m	s Paterne
16	m	s Fructueux
17	j	s Anicet
18	v	s Parfait
19	s	s Elfége
20	D	ste Agnès
21	l	s Anselme
22	m	ste Opportune
23	m	s Georges
24	j	s Robert
25	v	s Marc
26	s	s Clet, PAPE
27	D	s Polycarpe
28	l	ROGAT. s Vital,
29	m	s Pierre
30	m	s Eutrope

MAI.			JUIN.		
Les . cr. de 1 h. 14 m.			Les j. cr. de 18 min.		
N. L. le 6. P. Q. le 14.			N. L. le 5. P. Q. le 13·		
P. L. le 21. D. Q. le 28.			P. L. le 19. D. Q. le 26·		
1	j	ASCENSION	1	D	s Thierri
2	v	s Athanase	2	l	s. Pothin
3	s	Inv. ste-Croix	3	m	ste Clotilde
4	D	ste Monique	4	m	ste Monique
5	l	s Hilaire	5	j	s Boniface
6	m	s Jean P. L.	6	v	s Claude
7	m	s Stanislas	7	s	s Mériadec
8	j	s Désiré	8	D	s Médard
9	v	s Grégoire	9	l	s Prime
10	s	s Gordien	10	m	s Landri
11	D	PENTECOTE	11	m	s Barnabé
12	l	s Nérée, M.	12	j	s Basilide
13	m	s Servai	13	v	s Ant. de P.
14	m	s Pacôme	14	s	s Basile
15	j	s Isidore	15	D	s Guy, M.
16	v	s Honoré	16	l	s Fargeau
17	s	s Pascal	17	m	s Avit
18	D	TRINITÉ.	18	m	s Marc, M.
19	l	s Yves	19	j	s Gerv. s Pr.
20	m	s Bernard	20	v	s Silvère
21	m	s Hospice	21	s	s Leufroi
22	j	FÊTE-DIEU.	22	D	s Paulin,
23	v	s Didier	23	l	s Félix, v. J.
24	s	s Donatien	24	m	s JEAN-BAPT.
25	D	s Urbain, v. J.	25	m	s Prosper
26	l	s Philippe.	26	j	s Babolein
27	m	s Augustin	27	v	s Crescent
28	m	s Germain	28	s	s Irénée, v. J.
29	j	s Maximin	29	D	s Pierre s Paul
30	v	ste Emma	30	l	Conv. de s P.
31	s	ste Pétronille			

14 JUILLET.	AOUT.
Les j. décr. de 57 m.	Les j. dé: 1 b. 35.
N. L. le 4. P. Q. le 12.	N. L. le 3. P. Q. le 10.
P. L. le 19. D. Q. le 26.	P. L. le 17. D. Q. le 24.

1	m	s Martial	1	v	s Pierre ès-L.
2	m	VIS. DE LA V.	2	s	s Etienne
3	j	s Anatole	3	D	INV. DE S ET.
4	v	TR. DE S MAR.	4	l	s Dominique
5	s	ste Zoé	5	m	s Yon, M.
6	D	s Tranquille	6	m	TR. DE N. S.
7	l	ste Aubierge	7	j	s Gaëtan
8	m	ste Priscile	8	v	s Justin
9	m	ste Victoire	9	s	s Spire,
10	j	ste Félicité	10	D	s Laurent
11	v	TR. S BENOIT	11	l	Susc. ste CR.
12	s	s Gualbert	12	m	ste Claire
13	D	s Turiaf, év.	13	m	s Hippolyte
14	l	s Bonaventure	14	j	s Eusèbe, v. J.
15	m	s Henri	15	v	ASSOMPTION
16	m	N. D. M. C.	16	s	s Roch
17	j	ste Marcelline	17	D	s Mamès
18	v	s Clair, év.	18	l	ste Hélène
19	s	s Vincent de P.	19	m	s Louis, év.
20	D	ste Marguerite	20	m	s Bernard
21	l	s Victor	21	j	s Privat
22	m	ste Madeleine	22	v	s Simphorien
23	m	ste Apollinaire	23	s	s Sidoine
24	j	ste Christi.	24	D	s Barthélemi
25	v	s Jacques s C.	25	l	s Louis, ROI
26	s	TR. S MARC.	26	m	s Zéphirin
27	D	s Pantaléon	27	m	s Césaire
28	l	ste Anne	28	j	s Augustin
29	m	ste Marthe	29	v	DÉC. DE S J.
30	m	s Abdon	30	s	s Fiacre
31	j	s Germain	31	D	s Ovide

SEPTEMBRE.	OCTOBRE. 15
Les j. décr. de 1 h.	Les j. décr. de 1 h. 45
N. L. le 1. P. Q. le 9.	N. L. le 1. P. Q. le 8.
P. L. le 15. D. Q. le 23.	P. L. 15. D. Q. 23. N. L. 30

1	l	s Leu s Gille	1	m	s Remi, év.
2	m	s Lazare	2	j	ste Angélique
3	m	s Grégoir	3	v	s Cyprien
4	j	ste Rosalie	4	s	s Franç. d'Ass.
5	v	s Berlin	5	D	s Aure, v.
6	s	s Onésipe	6	l	s Bruno
7	D	s Cloud	7	m	ste Serge
8	l	NAT. DE LA V.	8	m	ste Thaïs
9	m	s Omer, év.	9	j	s Denis, év.
10	m	ste Pulcher	10	v	s Géréon
11	j	s Patient	11	s	s Nic. s G.
12	v	s Serdot	12	D	s Vilfride
13	s	s Maurille	13	l	s Géraud
14	D	Ex. ste Croix	14	m	s Caliste
15	l	s Nicodème	15	m	ste Thérèe
16	m	s Cyprien	16	j	s Gal, ABBÉ
17	m	s Lambert	17	v	ste Avoye
18	j	s Jean C.	18	s	s Luc, év.
19	v	s Janvier	19	D	s Savinien
20	s	s Eustache	20	l	s Sendou
21	D	s Mathias	21	m	ste Ursule
22	l	s Maurice	22	m	s Mellon
23	m	ste Thècle	23	j	s Hilari
24	m	s Andoche	24	v	s Magloire
25	j	s Firmin	25	s	s Crépin s Cr.
26	v	ste Justine	26	D	s Rustique
27	s	s Côme s Dan.	27	l	s Frumence
28	D	s Céran	28	m	s Simon s Jud.
29	l	s Michel	29	m	s Faron
30	m	s Jérôme	30	j	s Lucain
			31	v	s Quentin

16 NOVEMBRE.			**DÉCEMBRE.**		

16 NOVEMBRE.　　DÉCEMBRE.
Les j. décr. de 1 h. 1⅟.　Les j. décr. de 18. m.
P. Q. le 6. P. L. le 14.　P. Q. le 6. P. L. le 13.
D. Q. le 22. N. L. le 29.　D. Q. le 21. N. L. le 28.

1	s	TOUSSAINT	1	l	Avent s Eloi
2	D	Les Morts	2	m	s Marcel
3	l	s Marcel	3	m	s François-X.
4	m	s Charles	4	j	ste Barbe
5	m	ste Berthilde	5	v	s Sabas
6	j	s Léonard	6	s	s Nicolas
7	v	s Wibrod	7	D	ste Fare, v.
8	s	stes Reliques	8	l	Conception
9	D	s Mathurin	9	m	ste Léocade
10	l	s Léon	10	m	ste Valère
11	m	s Martin	11	j	s Fuscien
12	m	s Réné, év.	12	v	s Damas
13	j	s Brice	13	s	ste Luce
14	v	s Laurent	14	D	s Nicaise
15	s	s Macloud	15	l	s Mesmin
16	D	s Eucher	16	m	ste Adélaïde
17	l	s Agnan	17	m	ste Olympe
18	m	ste Aude	18	j	s Gratien 4 T.
19	m	ste Elisabeth	17	v	ste Meuris
20	j	s Edmond	20	s	ste Pauline
21	v	Pré. de la V.	21	D	s Thomas
22	s	ste Cécile	22	l	s Honorat
23	D	s Clément	23	m	ste Victoire
24	l	ste Flore	24	m	s Yves, v. ɔ.
25	m	ste Catherine	25	j	NOEL
26	m	ste Gen. des A.	26	v	s Etienne, M.
27	j	s Maxime	27	s	s Jean
28	v	s Etienne	28	D	ss Innocents
29	s	s Saturnin	29	l	s Thomas C.
30	D	s André, ap.	30	m	ste Colombe
			31	m	s Sylvestre

NOUVELLES
CAUSES CÉLÈBRES.

———✦———

COUR D'ASSISES DE LA SEINE.

Audience du 9 mars 1844.

AFFAIRE DUCROS.

ASSASSINAT DE MADAME VEUVE SÉNEPART.

Dès avant huit heures du matin, une foule nombreuse encombre et assiége pour ainsi dire les abords de la Cour d'assises. La jeunesse de l'accusé que l'on va juger, la position sociale de la victime, les circonstances exceptionnelles qui ont accompagné et suivi l'assassinat, tout, en effet, justifie l'empressement du public.

A dix heures, les portes de la Cour d'assises sont ouvertes au public. Une foule de jeunes avocats en robe se précipite dans l'enceinte et envahit en un instant les places réservées au barreau. Bon nombre de dames élégamment parées se font aussi remarquer parmi les spectateurs.

A dix heures et demie, l'accusé est introduit, il a presque l'air d'un enfant; son air doux, sa tenue modeste forment le plus étrange contraste avec le crime qu'il a commis et le sangfroid dont il a fait preuve pendant l'instruction. Sa toilette est élégante et même recherchée : il porte une redingotte de drap noir, une cravate de satin sur laquelle est rabattu son col de chemise, un gilet de velours ; ses cheveux, châtain-clair, sont disposés avec soin. Sa physionomie est un mélange de ruse et de modestie, d'un caractère assez indéfinissable ; mais en le considérant avec attention, on découvre dans la contraction de sa bouche et dans ses paupières bordées de rouge quelques indices qui se rapportent à la nature de l'accusation qui pèse sur lui. Son front, d'ailleurs, est régulier, et la couleur de son teint agréable.

La Cour entre en séance, composée de M. POULTIER, président, ayant pour assesseurs M. DELAHAYE et M. DEQUEVAUVILLIERS, conseillers.

M. l'avocat-général JALLON occupe le siége du ministère public.

MM^{es} DUGABÉ et PINÈDE sont au banc de la défense.

Au moment où la Cour entre en séance, de tous côtés se font entendre les cris : en place ! silence ! assis ! à la porte !

M. le président, debout et de l'air le plus sévère : De pareils cris en un semblable moment sont tout ce qu'il y a de plus scandaleux et même de plus barbare. Nous ne sommes pas ici au spectacle ; tout le monde doit apporter une grande gravité dans la tenue, et témoigner ainsi de son respect pour la justice. — (S'adressant à l'accusé) : Accusé, comment vous nommez-vous ?

L'accusé. Marie-Honoré Ducros.

D. Votre âge ? — R. Vingt ans.

D. Votre lieu de naissance ? — R. Toulouse.

D. Votre profession ? — R. Élève en pharmacie.

M. le président. Quel est cet homme que nous voyons assis au banc de la défense ?

Me Pinéde. C'est le père de l'accusé. (Mouvement.)

M. le président. Ce n'est pas ici sa place. Nous ne comprenons pas qu'on ait pu, sans nous consulter, le faire entrer dans cette enceinte.

M. l'avocat-général. C'est sans doute pour se ménager l'occasion de faire du drame ; ce moyen est connu.

M. le président. Qu'on fasse retirer ce malheureux père ; nous sommes ici pour faire de la justice et non de la sensibilité.

Le père de Ducros se retire les larmes aux yeux, et après avoir embrassé son fils avec effusion.

M. le président. Accusé, soyez attentif à la lecture qui va être faite de l'acte d'accusation dressé contre vous.

M. le greffier Duchesne donne lecture de l'arrêt de renvoi et de l'acte d'accusation, dont l'étendue est considérable, et d'où résultent les faits suivants :

La dame Nathalie de Loëne, veuve du sieur Sénepart, ancien directeur du théâtre de l'Ambigu-Comique, âgée de soixante-quatorze ans, occupait depuis plusieurs années un appartement au troisième étage, boulevart du Temple, 24. Elle vivait seule, aidée seulement dans les soins de son ménage par une femme âgée nommée Rose Chaudrivot, demeurant dans la même maison, qui, chaque matin, après lui avoir apporté quelques provisions pour son déjeûner, se retirait au bout d'une demi-heure environ. Le soir, à six heures, la dame Sénepart allait dîner chez un traiteur voisin, qui la faisait accompagner lorsqu'elle se retirait, et rentrait chez elle à neuf heures. Elle vivait d'une pension de 1,500 francs qui lui était payée par son fils, le sieur Virgile Sénepart, qui avait fait auprès d'elle d'inutiles efforts pour la déterminer à prendre une domestique dont il offrait de payer les gages. A la suite de ce refus obstiné, qui remontait à trois ans, la mère et le fils avaient cessé de se voir.

Le vendredi 8 décembre, la femme Chaudrivot se présenta entre sept et huit heures du matin, suivant son usage, à la porte de l'appartement; mais elle sonna en vain à plusieurs reprise; inquiète de ce silence, elle en instruisit la femme Josse, concierge, qui, de son côté, lui dit n'avoir pas vu la veuve Sénepart depuis la veille, à trois heures de l'après-midi. Elles s'empressèrent d'avertir un de ses amis, le docteur Troncin qui, en présence d'un employé au commissariat de police et de la femme Josse, fit ouvrir par un serrurier la porte, qui n'était fermée qu'au pène. La première pièce, servant de salle à manger, et la chambre à coucher qui y fait suite, ne présentaient aucune trace de désordre : le lit n'avait pas été occupé. Mais dès qu'on eut pénétré dans le salon auquel communique la chambre à coucher, le corps de la veuve Sénepart, gisant sur le tapis presque au milieu de la pièce, s'offrit aux regards ; des marques nombreuses de strangulation furent aussitôt reconnues par le docteur Troncin, et le commissaire de police s'empressa de venir constater, par des procès-verbaux l'état des lieux et celui du cadavre.

La veuve Sénepart était complétement vêtue ; son bonnet, rejeté en arrière et paraissant avoir été froissé, laissait la tête découverte ; les brides de ce bonnet étaient retenues par une agrafe qui avait pénétré dans la peau. Un châle fond noir, soigneusement croisé sur la poitrine, était, à l'un des coins, plissé et encore empreint d'humidité produite par une matière jaunâtre, comme s'il eût été introduit en tampon dans la bouche.

Sur un fauteuil auprès du secrétaire, on trouva une quittance du dernier terme de loyer et une boîte longue et vide en ferblanc, sur le couvercle de laquelle se lisaient les mots suivants : « Rouleau de 300 francs pour me faire enterrer, DE LOENE, veuve *Sénepart*. » Sur un autre fauteuil, un sac à fermoir d'acier contenant un trousseau de cinq clés, dont l'une était celle du secrétaire, qui fut ouvert par le commissaire de police ; ce meuble ne renfermait aucune valeur, quoique, suivant une note de la veuve Sénepart, le tiroir du milieu dût contenir un rouleau de 200 francs destinés aux frais de son enterrement, deux bourses et un sac où était placé l'argent pour payer le terme de janvier, les frais de maladie et les dépenses courantes. Les deux bourses et le sac étaient vides.

Si ces circonstances prouvaient qu'un vol avait eu lieu, l'examen et l'autopsie du cadavre établirent avec non moins de certitude que la mort de la veuve Sénepart était le résultat d'un crime. Suivant le rapport des médecins, de nombreuses excoriations à la face, aux lèvres, autour du cou, à la base de la langue et à sa surface antérieure, attestaient que la mort avait été causée par une asphyxie rapide; que cette asphyxie avait été la conséquence d'une pression violente du larynx, en même temps que la langue était refoulée avec force dans l'arrière-bouche. Les traces particulières existant à la surface du cou indiquaient qu'une pression énergique sur le larynx et une asphyxie par suffocation avaient été produites par les ongles et les doigts de l'individu qui avait donné la mort.

Dès les premiers moments, un jeune homme qui était venu la veille, à trois reprises différentes, demander la dame Sénepart, fut signalé par la femme Josse, portière. Elle l'avait déjà vu venir une fois à une époque rapprochée; et le jeudi 7, après s'être présenté à midi et à deux heures, sans rencontrer la dame Sénepart, il était revenu une troisième fois vers trois heures, au moment où elle rentrait. La femme Josse était alors sur l'escalier; elle le vit monter et descendre un quart-d'heure après avec une rapidité qu'elle remarqua; il avait à la main une canne à pomme d'argent ciselée. Lors de sa première visite, il portait un manteau doublé de tartan écossais. Depuis ce moment, personne n'était monté chez la dame Sénepart, et depuis ce moment aussi, elle n'avait été vue par personne.

Le signalement de cet individu se rapportait parfaitement à un jeune homme originaire de Toulouse, arrivé de cette ville à Paris, le samedi 2 décembre, par les Messageries Caillard, et qui, le dimanche, s'était présenté à onze heures du matin chez le sieur Sénepart fils, sous le nom de *Pagès* ou *Magnès*, porteur d'un billet écrit par le sieur Frédéric Sénepart, officier supérieur de cavalerie en retraite, qui invitait son neveu à faire bon accueil à celui qu'il lui adressait. Il avait montré une lettre qu'il devait remettre à la dame veuve Sénepart de la part d'une des filles du sieur Frédéric. Invité à dîner pour le même jour, il avait accepté et passé la soirée avec la famille du sieur Virgile Sénepart, auquel il dit n'avoir pas eu le temps de porter ce jour la lettre destinée à sa mère. Le lendemain, lundi, il s'était en effet rendu chez elle ; il lui avait remise cette lettre, que deux jours après la dame Sénepart faisait lire à sa belle-fille, qui, suivant son habitude au commencement de chaque mois, lui avait apporté sa pension.

Ce jeune homme était revenu le jeudi 7 décembre, à six heures un quart, chez le sieur Sénepart : il paraissait pâle, fatigué, avait toujours les yeux fixés sur la pendule, et il garda le silence sur la visite par lui faite, d'après la déclaration de la femme Josse, le jour même, à la veuve Sénepart.

Les soupçons de la portière de la maison, du fils de la victime, s'étaient arrêtés sur cet individu qui devint l'objet des recherches les plus actives. Mais son véritable nom était ignoré, et l'instruction ne tarda pas à démontrer que les noms de *Pagès* ou *Magnès*, indiqués par le sieur Sénepart, ne lui appartenaient pas.

Cependant on apprit qu'il s'était présenté le mercredi 6, rue d'Orléans, au Marais, chez les dames Gibon et Roussille, et qu'il leur avait remis une lettre de la demoiselle Mathilde Sénepart. Pendant le cours de la visite, il parla de celle qu'il avait faite deux jours auparavant à la dame Sénepart. Lorsqu'il se retira, on lui accorda, sur sa demande, la permission de revenir : on ne l'avait pas revu depuis ; mais, dans la prévision d'une nouvelle visite, une surveillance fut établie autour de la maison, où, le lundi 11, peu d'instant après y être entré, fut arrêté l'individu qu'on attendait, et qui déclara se nommer Honoré Ducros, élève en pharmacie, et demeurant rue des Maçons-Sorbonne, 23. Il fut confronté immédiatement avec le sieur Sénepart fils et avec la femme Josse. L'un et l'autre le reconnurent de la manière la plus positive.

Ducros répondit avec beaucoup de calme et d'impassibilité que la portière se trompait, qu'il n'était pas allé, le 7 décembre, chez la dame Sénepart ; il convint cependant s'être présenté et avoir dîné le dimanche chez le sieur Virgile Sénepart, y être revenu le jeudi dans la soirée; mais il soutint n'avoir pris ni dans l'une ni dans l'autre de ces visites, soit le nom de *Pagès*, soit le nom de *Magnès*.

Une perquisition dans sa chambre, rue des Maçons-Sorbonne, hôtel du Jura, où habitaient deux de ses compatriotes, les sieurs Gineston et Destrem, et où il était venu lui-même prendre un logement le vendredi 8 décembre, n'avait eu d'autres résultats que la saisie d'un manteau et d'une canne semblables à ceux signalés par les témoins, lorsque le sieur Gineston demanda à faire une déclaration particulière, il fit connaître aux magistrats qu'ayant reçu, le dimanche 3, un billet de Ducros qui lui annonçait son arrivée à Paris. Il était allé le trouver le lendemain à l'hôtel d'Orléans, rue d'Orléans-Saint-Honoré, où il logeait. Là Ducros lui annonça qu'il était brouillé avec sa famille et ruiné; qu'il ne lui restait que 80 francs, de 300 francs à lui remis par son père lors de son départ; que pour sortir de cette situation, il allait emprunter de l'argent à l'abbé Bourrel, son parent, prédicateur à Saint-Sulpice. Plus tard, et le même jour, se trouvant pour la seconde fois avec le sieur Gineston, il lui parla de l'arrivée prochaine à Paris de sa maîtresse, qui avait 5 ou 600 francs d'économies. Le sieur Gineston, depuis le lundi 4, n'avait pas revu Ducros, lorsque dans la matinée du vendredi 8 décembre, celui-ci vint le trouver à l'hôtel de la rue des Maçons-Sorbonne, et lui dit avoir vu M. l'abbé Bourrel, qui lui avait donné 80 francs et de bons conseils; qu'en outre, sa maîtresse lui avait envoyé de Toulouse une somme de 300 francs; il tirait en même temps de sa poche un rouleau qu'il remettait à Gineston en lui disant : *Tiens, prends-le, car je le dépenserais.* Ce rouleau, enveloppé dans du papier gris, cacheté aux extrémités avec de la cire noire, fut placé par le sieur Gineston dans son secrétaire.

Pendant la journée qu'ils passèrent ensemble, Ducros manifesta l'intention de venir occuper une chambre dans l'hôtel garni où logeait son compatriote. Il y fit transporter ses effets et s'y installa immédiatement. Le lundi, le sieur Gineston ayant, en ouvrant son secrétaire, jeté les yeux sur le rouleau dont il était dépositaire, remarqua qu'il portait l'adresse de Ducros, et que cette adresse était de la main de ce dernier. Cette circonstance et la forme irrégulière du rouleau excitèrent ses soupçons sur le contenu. L'ayant ouvert à l'une des extrémités, il vit avec étonnement qu'il contenait des pièces d'or et un boîtier de montre en or. Il attendait depuis longtemps Ducros, pour avoir à ce sujet une explication, lui rendre son argent et le faire sortir de l'hôtel. Il avait parlé au sieur Destrem de cette découverte et de ses soupçons, lorsqu'instruit de la présence des magistrats dans la chambre de Ducros, il s'était empressé de révéler ces faits et de remettre entre leurs mains le dépôt qu'il avait reçu.

Les rouleaux remis par lui contenaient : l'un 25 pièces en or de 40 francs; l'autre 29 pièces en or de 20 francs, formant une somme de 1,580 francs; plus, un boîtier de montre en or. A la vue de l'or et de la montre, qui se trouvaient dans les mains des magistrats lorsqu'ils rentrèrent dans la chambre de Ducros, celui-ci comprit que la vérité était connue et que ses dénégations seraient sans force en présence des preuves nouvelles que l'instruction venait de recueillir. *Je vais vous avouer toute la vérité*, dit-il alors, *c'est moi qui ai fait le malheur qui est arrivé chez madame veuve Sénepart.*

Suivant sa déclaration, il était allé, le lundi 4 ou le mardi 5, chez Mme Sénepart, à qui, après une conversation d'une demi-heure environ, il avait demandé un pain à cacheter pour fermer la lettre destinée à la dame Roussille, et qui, à son départ de Toulouse, lui avait été remise ouverte. Il suivit la dame Sénepart dans son salon. Après avoir pris dans un sac caché sous le coussin d'un fauteuil un trousseau de clés, et avoir ouvert avec l'une d'elles son secrétaire, elle en retira et lui présenta une boîte contenant des pains à cacheter. Au moment où il sortait, cette dame l'aurait chargé de passer chez sa belle-fille, qui, depuis plusieurs jours, n'était pas venue la voir.

Le jeudi 7, il y était retourné pour lui rendre compte de la réponse de la dame Virgile, qu'il n'avait pas trouvé. La portière lui ayant dit que la dame Sénepart était sortie, il avait suivi les boulevarts jusqu'à la Bastille. A deux heures, il s'était présenté pour la seconde fois. La même réponse lui ayant été faite, il s'était retiré encore, sans laisser son nom à la portière, qui le lui demandait. Enfin, après s'être promené jusqu'à la Madeleine, il était revenu vers cinq heures. La dame Sénepart, qui venait de monter chez elle, lui ouvrit la porte. Il ne voulait pas entrer; mais elle insista et le reçut dans la première pièce servant de salle à manger.

Après une courte conversation, dont il racontait le sujet en souriant, elle lui aurait parlé d'un portrait de son fils placé dans le salon. Conduit par elle dans cette pièce, il y examinait divers tableaux, et particulièrement un de Raphaël, accroché au-dessus de la porte d'entrée, lorsque la dame Sénepart, mécontente d'un examen ou d'une visite qui durait trop longtemps, aurait témoigné son impatience par quelques paroles, parmi lesquelles il distingua le mot *aventurier; ils s'étaient regardés tous deux d'une certaine manière,* et cédant alors à un mouvement de vivacité, il l'avait poussée violemment, en lui disant qu'il n'était pas un voleur.

Cette femme, tombée à la renverse, ayant commencé à crier, il s'était, dans la crainte d'être arrêté, précipité sur elle pour étouffer ses cris. C'est alors, dit-il, *que je l'étranglai. Je la saisis au cou avec ma main droite ou ma main gauche, et je lui serrai le cou pendant deux minutes, jusqu'à ce qu'elle ne criât plus. Quand elle est tombée, un des côtés de son châle était placé sur sa bouche, et j'avais appuyé sur cette partie de son châle. Quand je l'ai vue sans mouvement, je l'ai lâchée.*

Il s'assura de sa mort en approchant de sa

bouche un miroir placé sur la commode. Après ce crime commis, il s'était depuis un quart-d'heure assis dans un fauteuil, la tête dans ses mains, n'ayant aucun projet de voler, quand il aperçut le sac dans lequel il avait vu sa victime prendre la clé du secrétaire. Sans dessein arrêté, il aurait ouvert et visité les tiroirs de ce meuble, et la pensée du vol ne se serait présentée à lui qu'à la vue de l'or et de l'argent qu'ils renfermaient. Le vol fut commis. Il ferma le secrétaire, remit les clés dans le sac et se retira en répétant plusieurs fois, et à haute voix : *Madame, ne vous dérangez pas.*

A ce récit, Ducros ajouta qu'il était rentré à son hôtel. Il avait compté son argent, et il s'était trouvé possesseur d'une somme de 1,000 francs en or et 495 francs en argent. Il fut alors changer 500 francs contre des pièces d'or chez un changeur, galerie Véro-Dodat ; de là, après avoir dîné, il se rendit, vers six heures et demie, chez le sieur Sénepart fils, *comme cela se fait,* à-t-il dit, *par politesse, pour sa bonne réception et le dîner qu'il m'avait donné le dimanche précédent.* Là, il avait joué avec les enfants. A sept heures, il se retira avec le sieur Sénepart, qu'il quitta sur les boulevarts, où il se promena seul jusqu'à neuf heures et demie, en regardant les boutiques.

Telle a été la déclaration faite par Ducros ; elle n'était pas complète, car, outre la montre d'or dont il avouait la soustraction, et dont il avait enlevé le mouvement le vendredi, dans la crainte que le bruit ne révélât au sieur Gineston le contenu du rouleau, il s'était encore emparé d'une chaîne d'or qu'il alla faire estimer au Palais-Royal, en quittant le sieur Sénepart, et qu'il vendit à huit heures, moyennant 36 francs, au changeur du passage Véro-Dodat, où il s'était déjà procuré de l'or. Après ce marché conclu, il avait causé pendant environ trois quarts-d'heure avec le sieur Aaron, originaire lui-même de Toulouse. L'assurance de son langage et de ses manières, la liberté de son esprit était telle, que quand le nom de l'assassin de la veuve Sénepart eut été livré à la publicité, le sieur Aaron hésitait à faire le dépôt de cette chaîne, ne pouvant croire que le jeune homme qui la lui avait vendue, en déclarant se nommer Ducros, fût l'assassin de la veuve Sénepart.

Dans un des interrogatoires, comme on lui demandait pourquoi il ne s'était pas éloigné de Paris après l'assassinat : « Je ne me souvenais déjà plus de ce meurtre, répondit-il, ou du moins, je ne pensais pas qu'on pût me soupçonner. » Une seule fois, pendant l'instruction, son assurance a faibli : c'est quand, avant les obsèques de la veuve Sénepart, on l'a confronté avec le cadavre de sa victime. Il a détourné la vue avec horreur ; il a éclaté en sanglots, en s'écriant : « Oui, c'est moi qui l'ai tuée ; je l'ai étranglée. »

Si les faits s'étaient passés comme le raconte Ducros, un assez long espace de temps se serait écoulé depuis le moment où il est entré dans l'appartement et le moment où il en est sorti, lorsqu'il est démontré par la déposition de la concierge qu'il est à peine resté un quart-d'heure dans l'appartement de la veuve Sénepart. L'impatience de la dame Sénepart, une parole blessante ou injurieuse n'ont donc pu avoir pour cause la durée de cette visite. L'exécution du crime a suivi nécessairement de près l'introduction de Ducros. Le motif par lui donné à un mouvement de vivacité et de colère qui aurait eu des suites si déplorables, n'est donc ni vrai ni vraisemblable. Comment croire, en effet, que ce mot d'*aventurier*, s'il a été prononcé, ait produit, quelle que soit la vivacité du caractère de celui à qui il s'adressait, cet effet d'étouffer en lui tout sentiment honnête et humain, et de le rendre tout à coup voleur et meurtrier d'une femme sans défense et presque octogénaire? Mais s'il était possible que la colère l'eût porté à l'assassinat, dès que ce mouvement sera calmé, dès que cette colère sera éteinte, en présence de sa victime, la conscience reprendra tout son pouvoir, le trouble causé par les remords s'emparera de lui et le suivra partout.

Il n'en est pas ainsi : au crime qu'il vient de commettre, il en ajoute un autre, ouvre le secrétaire, dont il a pris les clés cachées sous le coussin d'un fauteuil, rejette les papiers insignifiants, enlève l'or et l'argent que ce meuble renferme, replace dans le sac qui les contenait les clés du secrétaire, qu'il a soin de fermer, et se retire en répétant plusieurs fois, avec calme et sang-froid : « Ne vous dérangez pas.» Sorti de cette maison, il évitera ceux dont la présence doit rendre plus vifs les remords qui le poursuivent ; Ducros les recherche. Les poches pleines de l'or, des bijoux qu'il a volés, il va chez le fils de sa victime, et de cette main qui vient d'étrangler, d'étouffer leur aïeule, il façonne, en s'amusant, dit-il, des jouets en papier pour les enfants, et trois jours après, suivant sa propre déclaration, il ne se souvenait plus du crime.

La résolution arrêtée de le commettre peut seule expliquer cette insistance à rencontrer la veuve Sénepart le jeudi 7 décembre. Sa première visite, faite trois jours avant, lui avait fait connaître la disposition des lieux, le mobilier qui garnissait l'appartement, et qui annonçait l'ordre et l'aisance. Il a su d'elle qu'elle recevait peu de monde, et il est parvenu, sous prétexte de cacheter une lettre, à être admis dans le salon, à voir ouvrir le secrétaire, à savoir où la clé était ordinairement cachée. Ces renseignements serviront bientôt à l'exécution de ses projets. Il prétend être venu chez la dame Sénepart parce que celle-ci l'aurait chargé de se rendre chez sa belle-fille, qu'elle n'avait pas vue depuis longtemps, mais en le dispensant de lui faire connaître le résultat de sa démarche. Il ajoute s'être en effet présenté chez la dame Virgile Sénepart le mercredi ; cette dame était sortie, lui répondit-on.

En supposant que la dame Sénepart lui eût donné la commission dont il parle et qu'il ait fait une démarche pour s'en acquitter, comment ces faits pourront-ils expliquer et justifier ses efforts opiniâtres pour rencontrer la dame Sénepart, qui ne l'avait pas prié de re-

venir, et à qui, il en convient, il n'aurait eu
autre chose à dire, si ce n'est qu'il n'avait pas
vu sa belle-fille? Il ne se borne pas à venir une
première fois à midi, à monter au troisième
étage, où est situé son appartement, sans s'a-
dresser à la portière, à laquelle il refuse, en
descendant, de laisser son nom. Il revient à
deux heures : la dame Sénepart est toujours
absente. Obligé de se retirer une seconde fois,
il ne renonce pourtant pas à son projet. Il dit
avoir suivi les boulevarts, tantôt jusqu'à la Madeleine, tantôt jusqu'à la Bastille, tandis qu'un
témoin déclare formellement l'avoir vu longtemps allant et venant devant la maison, paraissant attendre quelqu'un ; aussi, à peine la
dame Sénepart était-elle rentrée, que Ducros,
comme s'il eût guetté son retour, était presque
aussitôt qu'elle à sa porte.

Il agissait donc, quand il mettait tant de té-
nacité à pénétrer chez la veuve Sénepart, dans
un but qu'il ne veut pas avouer, dans un dessein qu'il était impatient de réaliser. La pensée,
la résolution criminelle qui le conduisaient seront bien plus évidentes encore, s'il est certain
que la dame Sénepart ne l'a pas invité à aller
chez sa belle-fille, et qu'il n'est pas venu chez
celle-ci. Lorsqu'il s'y présente, le jeudi 7, dans
la soirée, il lui parlera de sa visite de la veille,
si, en effet, il est venu. Il n'en dit rien, et il
résulte, soit du témoignage de la domestique,
soit de celui de la portière, qu'elles ne l'ont vu
ni l'une ni l'autre, dans la matinée de mercredi. Ce jour-là, la dame Virgile Sénepart
s'était rendue, comme elle le faisait dans les

cinq ou six premiers jours de chaque mois,
chez sa belle-mère, pour lui remettre sa pension. Celle-ci, qui n'avait pu dès lors s'étonner
de n'avoir pas encore reçu sa visite, et inviter
Ducros à aller chez elle de sa part, dit à sa
belle-fille avoir demandé à l'accusé, le lundi
précédent, de lui porter un petit cadre méca-
nique qu'elle avait acheté pour ses étrennes;
mais, au lieu de s'en charger, il s'était excusé
en disant être à la recherche d'un papier d'argent, papier que le lendemain, sur une question qui lui fut faite par la dame Virgile Sénepart, il répondit avoir trouvé.

Ainsi, point de commission donnée à l'accusé par la dame Sénepart, point de réponse à
lui rendre, par conséquent, point de motifs à
se présenter sur le boulevart du Temple pendant une grande partie de la journée du 7 décembre; point de motifs à cette impatience, à
ces tentatives pour s'introduire chez elle réité-
rées à quelques heures d'intervalle, si ce n'est
le double crime qu'il a mis à exécution aussitôt après y avoir été reçu. La résolution de le
commettre a donc été prise et arrêtée le jour
où, pour la première fois, il a vu la dame Sénepart, dont le grand âge, la faiblesse, l'isole-
ment, devaient rendre si facile l'exécution de ses
projets homicides, surtout lorsqu'elle aurait,
sous un prétexte nouveau, été attirée dans la
pièce la plus reculée de son appartement. C'est
avec ce calme, ce sang-froid, cette absence de
tout remords dont l'instruction offre de si nombreuses et de si affligeantes preuves, que ce
jeune homme au cœur profondément vicieux,

dépourvu de tout sentiment moral, a prémédité et exécuté un assassinat auquel il a été conduit par le vol, comme il avait été conduit au vol par ses mauvaises passions et ses habitudes de débauche.

Après la lecture de l'acte d'accusation on fait retirer les témoins au nombre de quinze, et M. le président procède à l'iterrogation de l'accusé.

M. le président. Ducros, levez-vous. Vous êtes né et vous avez été élevé à Toulouse? — R. Oui, monsieur.

D. Il paraît que votre père, honnête coutelier de la ville, avait de la peine, malgré sa bonté, à étendre à tous vos besoins la modicité de ses ressources, car votre dissipation allait jusqu'à la débauche. — R. Je faisais comme tous les jeunes gens de mon âge.

D. Votre grand-père naturel, M. Gabelle, pharmacien de Toulouse, espérant avoir plus d'influence sur vous, pour vous faire rentrer dans le droit chemin, n'avait-il pas consenti à vous recevoir comme son élève dans sa pharmacie et comme son enfant dans son intérieur? — R. Oui, monsieur.

D. Et pour répondre à cette bonté, il n'est pas de mauvais procédés dont vous n'ayez usé à son égard, allant même jusqu'à lui soustraire de l'argent soit dans sa caisse, soit dans ses vêtements. — R. Je n'avais pas d'apointements fixes chez lui; il ne me donnait rien, mais j'étais autorisé à prendre dans le comptoir pour mes besoins.

D. Cela ne résulte nullement de la déclaration de M. Gabelle et vous n'en avez encore rien dit dans vos interrogatoires. On a entendu des femmes avec lesquelles vous aviez des relations et qui devaient vous coûter cher ; on a entendu aussi vos compagnons de plaisir et ils ont déclaré que vous aviez dit que la caisse de M. Gabelle fournissait à vos plaisirs. — R. Je ne peux leur avoir dit cela, et sans le malheur que j'ai eu, il ne serait pas question de tout cela.

D. A Toulouse étant reçu chez M. Pagès à sa campagne, avec quelques amis de cette personne, un des couverts d'argent ayant disparu, n'avez-vous pas été fortement soupçonné d'être l'auteur de cette disparition ?—R. Je n'en avais jamais entendu parler jusqu'au moment de l'instruction.

D. Il n'est pas moins vrai que les soupçons dont vous fûtes l'objet eurent assez de force pour qu'on vous exclut de chez M. Pagès. — R. Cependant je jure que je n'avais point pris le couvert.

D. Passons ; à part les soustractions dont vous vous rendiez coupable vis à vis de M. Gabelle, ne vous seriez vous pas porté à des voies de fait contre lui ? — R. Nous ne nous entendions pas toujours.

D. Oui, et notamment dans une circonstance où votre grand-père vous reprochait de ne pas vous occuper sérieusement de votre avenir et de vivre, en un mot, comme un paresseux et un débauché, n'avez-vous pas renversé ses meubles, brisé ses glaces, et ne l'avez vous pas menacé en le prenant au collet, lui, un vieillard et votre grand-père.—R. Comme je suis très vif, il est possible que j'aie eu tort.

D. Et les meubles les avez-vous renversés ? — R. Oui, monsieur.

D. Et les glaces les avez-vous brisées ? —R. Oui, monsieur.

D. Et c'est là ce que vous appelez ne pas toujours s'entendre.

L'accusé qui, dès le commencement de cet interrogatoire, avait répondu avec des larmes dans la voix, éclate ici en sanglots. M. le président l'engage à se calmer et lui permet de s'asseoir pendant le restant de son interrogatoire.

M. le président (au bout d'un instant). Accusé, au mois d'août dernier, n'avez-vous pas fait un premier voyage à Paris avec une somme de 500 à 600 francs provenant de grands sacrifices faits par votre père ? — R. Oui, monsieur.

D. Il paraît que vous vous êtes peu occupé de vous créer une position, de chercher du travail ? — R. C'est vrai, je ne m'en suis pas occupé.

D. Si l'on en croit les lettres que vous écriviez alors à vos amis, votre vie à Paris aurait été très dissipée, et vous auriez pris des plaisirs fâcheux sous tous les rapports. Vous êtes revenu à Toulouse, puis après vous êtes reparti pour Paris à la fin de novembre de l'année dernière, dans quelle intention ? — R. Je venais pour me faire recevoir bachelier-ès-lettres, après quoi j'aurais continué mes études en pharmacie.

D. Quelle somme aviez-vous en votre posession à votre départ de Toulouse ? —R. 300 fr.;

je n'en avais plus que 240 à mon arrivée à Paris.

D. N'aviez-vous pas eu la pensée de faire un voyage à la Guadeloupe? — R. Oui, monsieur, mais après avoir été reçu pharmacien.

D. Avant de venir à Paris, n'aviez-vous pas été en rapport avec la famille de Sénepart à Toulouse? — R. Oui, monsieur.

D. N'avez-vous pas demandé des lettres de recommandation à M. Frédéric Sénepart, officier supérieur qui vit en retraite à Toulouse, et à Melle Mathilde Sénepart? — R. J'en ai demandé seulement pour Mme Roussille.

D. Et pas pour la famille Sénepart? — R. Non, monsieur.

D. On vous en a donc offert? — R. Oui, monsieur.

D. Comment vous ont-elles été proposées? — R. M. Frédéric Sénepart voulant vérifier si certains bruits de mésintélligence dans le ménage de son neveu à Paris étaient fondés, me chargea d'une lettre d'introduction, afin que je puisse m'assurer de la vérité de ces faits.

D. Quoi qu'il en soit, n'avez-vous pas profité de vos rapports avec M. Sénepart, de Toulouse, pour demander des renseignements sur les habitudes de madame veuve Sénepart de Paris? — R. Je ne savais même pas qu'elle existât avant d'avoir une lettre pour elle.

D. N'avez-vous pas fait le voyage de Toulouse à Paris avec un nommé Pagès? — R. Je n'en sais rien. On me l'a dit dans l'instruction; il paraît qu'il était dans la rotonde, et moi j'étais dans l'intérieur.

D. Vous n'avez pas su son nom dans la diligence? — R. Non, monsieur.

D. Vous êtes arrivé à Paris le 2 décembre au soir? — R. Oui, monsieur.

D. Où vous êtes-vous logé? — R. A l'hôtel d'Orléans, rue d'Orléans-St-Honoré.

D. N'avez-vous pas écrit de suite à un sieur Gineston, votre compatriote, qui demeurait dans la rue des Maçons-Sorbonne? — R. Oui. Je lui ai écrit le dimanche, mais je ne l'ai vu que le lundi.

D. Le dimanche n'avez-vous pas accompli une des commissions dont vous étiez chargé, en vous présentant chez M. Sénepart fils? — R. Oui, monsieur.

D. Lui avez-vous dit votre nom? — R. Il ne me l'a pas demandé.

D. Mais vous lui avez remis quelque chose? — R. Oui, un billet, une note sur laquelle était mon nom. Cette note, émanée de M. Frédéric Sénepart me recommandait à M. Virgile Sénepart, comme étant de Toulouse.

D. M. Sénepart dans sa déclaration a dit qu'il lui aurait paru singulier que vous lui eussiez montré cette note qui, de sa nature, était confidentielle, puisqu'elle portait en substance : « M. Ducros est prié de se rendre » chez M. Sénepart à l'effet de vérifier si les » bruits, etc. » N'auriez-vous pas substitué à la note qui vous avait été remise, une autre note qui ne portait pas votre nom? — R. Non monsieur.

D. Il paraîtrait, cependant, que vous vous seriez présenté sous le nom de Pagès ou Magnès, car, après l'assassinat de sa mère, M. Sénepart vous a signalé de cette manière à la police, et il ignorait complétement votre véritable nom. — R. Cela tient, sans doute, que, vis-à-vis la maison de mon père, il y a un pharmacien, nommé Magnès, dont j'ai pu parler, ce qui aura amené une confusion.

D. Tout cela est bien extraordinaire, et, de plus, a amené l'arrestation d'un pauvre jeune homme, nommé Pagès, qui a eu à supporter les angoisses et les humiliations d'une détention et d'une instruction préventives. — R. Ce n'est pas ma faute.

D. N'avez-vous pas dit à M. Virgile Sénepart que vous aviez une lettre pour sa mère? — R. Oui, monsieur.

D. Ne vous a-t-il pas invité à dîner pour le soir même? — R. Oui, et j'y suis allé.

D. Voilà pour le dimanche. Vous êtes retourné le soir à votre hôtel. Le lendemain, lundi, n'avez-vous pas vu M. Gineston, avec qui vous avez déjeûné? — R. Oui, monsieur.

D. Que se passa-t-il entre lui et vous dès votre première entrevue? Ne lui dites-vous pas que vos finances étaient maigres, que vous n'aviez que peu d'argent, mais que vous pourriez en demander à votre cousin, M. l'abbé Bourrel, qui prêchait à Saint-Sulpice? — R. Oui, monsieur.

D. Et ensuite, n'avez-vous pas ajouté que vous en recevriez peut-être d'une maîtresse qui devait bientôt arriver de Toulouse? — R. Je n'ai pas dit un mot de cela.

D. C'est ce que les débats éclairciront. Quel

jour vous êtes-vous présenté chez madame Sénepart, n'est-ce pas le même jour, lundi 5 décembre. — R. Non, c'est le mardi ; je n'ai pas
quitté Gineston pendant toute la journée du
lundi.

D. Cependant nous croyons que vous l'avez
quitté pour remettre la lettre de mademoiselle
Mathilde Sénepart, et nous vous ferons remarquer qu'après avoir, dans l'instruction, déclaré
pendant trois semaines, après l'avoir écrit à Toulouse (nous lirons votre lettre), que vous aviez
fait cette visite le lundi, ce n'est que le 30 décembre que vous avez repris, je ne dis pas cet
aveu, mais cette déclaration pour reporter cette
visite au mardi. — R. C'est bien le mardi qu'elle
a eu lieu.

D. Voici ce que vous dites dans votre lettre :
*J'allai lundi chez madame veuve Sénepart, qui
est une bonne vieille charmante.* Vous écrivez
cela le 8 décembre, le lendemain de l'assassinat (mouvement dans l'auditoire) ! Quel que
soit le jour, vous dites que c'est le mardi : quelle
heure était-il ? — R. Trois heures environ.

D. Quand elle vit la lettre de sa nièce Mathilde, ne vous fit-elle pas un bon accueil ? —
R. Oui, monsieur.

D. Vous êtes resté quelque temps avec elle ?
— R. Environ vingt minutes.

D. N'avez-vous pas parlé avec elle de madame Roussille, pour laquelle vous étiez porteur d'une lettre de recommandation ? — R.
Oui, monsieur.

D. Cette lettre n'était pas cachetée ; n'avez-

vous pas demandé à madame Sénepart un pain
à cacheter? — R. Oui, monsieur.

D. Vous étiez dans sa chambre quand vous
lui fîtes cette demande, madame Sénepart est
allée en chercher un dans son secrétaire, qui
était dans son salon, et vous l'avez accompa-
gnée. — R. Oui, monsieur.

D. Vous lui avez vu prendre, sous le coussin d'un fauteuil, un trousseau de clés, parmi
lesquelles s'en trouvait une qui lui a servi à ouvrir son secrétaire. — R. C'est possible... Je ne
prétends rien nier de ce que j'ai dit dans l'instruction.

D. Quand elle ouvrit ce meuble, votre vue
ne fut-elle pas frappée de quelque chose? —
R. Non, monsieur.

D. Il paraît, cependant très probable, mais
ici il faut que les probabilités deviennent des
certitudes, qu'arrivant à Paris à peu près sans
argent, entrant chez une vieille femme, dont
l'appartement, quoique simple, a dû vous donner une idée favorable de son aisance, vous
ayiez pensé, en lui voyant ouvrir son secrétaire, que ce meuble contenait autre chose que
des pains à cacheter, et que vous ayiez conçu
la pensée du crime qui vous est imputé. —
R. Non, monsieur, cette idée ne m'est point
venue.

D. Si, ce qui n'est pas bien fixé, vous avez
vu M. Gineston après votre visite chez madame
Sénepart, on comprend ce qu'il dit, qu'à la pauvreté du matin, eut succédé, non pas déjà la
richesse, mais un langage plus aisé; que vous
lui ayiez parlé d'une maîtresse qui allait arri-

ver avec 5 à 600 fr.? — R. C'est le vendredi
seulement que je lui ai parlé de cela, et je n'ai
pas fixé de chiffre.

D. Il y a deux époques. Le lundi vous en
avez parlé, c'était pour *annoncer* la possession
d'argent que vous prévoyiez; et le vendredi en
lui remettant le rouleau, c'était pour lui *expliquer et justifier* cette possession. Enfin, passons; le mercredi, vous êtes allé chez madame
Roussille, avez-vous dit votre nom? — R. Non,
monsieur.

D. C'est singulier. Que vous ayiez oublié
cela une première fois on le comprend, mais
cet oubli continuel ressemble à un mystère qui
paraît être l'accessoire d'un crime prémédité.
Vous avez demandé la permission de revenir.
— R. Oui, monsieur.

D. Le jeudi 7 décembre, vous vous êtes présenté chez madame Sénepart; vous êtes monté
sans rien dire à la portière, et quand vous êtes
redescendu et que vous lui avez dit : Madame
Sénepart n'est donc pas chez elle? Cette femme
ne vous a-t-elle pas répondu : Si vous me l'a-
viez demandé je vous l'aurais dit? — R. Oui,
mais je n'avais pas vu la portière en arrivant.

D. Le même jour vous êtes revenu de nouveau et même plusieurs fois? — R. Oui, monsieur, j'avais à lui rendre la réponse de sa belle-
fille, à qui elle m'avait dit de demander pourquoi elle ne venait pas la voir plus souvent.
En outre, je voulais savoir où elle avait acheté
un joujou qu'elle avait donné à ses petits-en-

fants, et qui représentait une procession en carton.

D. Quant à la commission dont vous prétendez que vous étiez chargé elle n'est pas vraisemblable, surtout dans les termes où vivait madame Sénepart avec son fils et sa belle-fille. Quant au joujou dont vous parlez, vous avez dit dans l'instruction qu'il sortait des magasins de M. Susse? — R. Oui, mais je ne savais pas où étaient ces magasins, et je voulais le demander à madame Sénepart.

D. Laissons-là ce misérable motif. Le jeudi 7 décembre, combien de fois vous êtes-vous présenté chez madame Sénepart. — R. J'y allai d'abord vers midi, je ne la trouvai pas; j'y revins vers deux heures, elle n'était pas encore rentrée, enfin, une troisième fois, je fus plus heureux.

D. Vous appelez du bonheur de l'avoir rencontrée pour l'assassiner? Vous avez, sans doute, épié la rentrée de madame Sénepart, car, à la troisième fois, vous êtes revenu, pour ainsi dire, sur ses pas? — R. Je ne sais si je suis rentré immédiatement après elle.

D. Ce sera établi. Cette malheureuse femme n'avait pas eu le temps de mettre à leur place les objets de toilette qu'on a l'habitude de quitter en rentrant : ainsi, elle avait posé son chapeau sur un meuble dans la salle à manger, ce qui témoigne qu'elle avait été surprise en rentrant par une visite. Nous vous demanderons pourquoi cette insistance de votre part? Avec vos habitudes, on ne comprend pas l'insistance d'un jeune homme de vingt-et-un ans auprès d'une femme de soixante-quinze ans !

L'accusé ne répond pas.

D. Ceci est grave, car on est autorisé à penser que vous n'insistiez que pour la tuer et la voler. Voyons, parlez, expliquez-vous, pourquoi revenir trois fois dans la même journée. — R. J'étais désœuvré; quoiqu'il fit beau, j'avais assez de me promener sur le boulevart, et j'étais bien aise d'avoir à faire une visite qui me permettrait de me reposer.

D. Quoi qu'il en soit, vous voilà chez madame Sénepart, que s'est il passé entre vous et votre victime. — R. Il m'est trop pénible de revenir là-dessus, je m'en rapporte à ce que j'ai dit dans l'instruction.

L'accusé baisse la tête et se prend à pleurer.

M. le président. Nous comprenons très bien ce que de pareils souvenirs doivent avoir de poignant pour une conscience sans doute bourrelée de remords. Cependant, quand on a eu le triste courage de concevoir, et surtout d'exécuter un si grand crime, il faut avoir assez de force pour en avouer les circonstances.

M. l'avocat-général. Du reste nous établirons que la sensibilité de l'accusé à l'audience n'a aucun rapport avec sa conduite dans la prison.

M. le président. Voyons, Ducros, il faut parler.

L'accusé. Eh bien! quand je me trouvai avec madame Sénepart, nous parlâmes d'abord du père Lacordaire. Elle me dit qu'elle était comme Louis XV, qu'elle n'aimait pas les robes noires, qu'elle n'allait pas à l'église parce que depuis longtemps elle savait à quoi s'en tenir.

M. le président. Abrégez ces détails, voyons, nous allons vous faire des questions : Madame Sénepart vous a montré un tableau représentant son fils, vous l'avez trouvé fort ressemblant, puis, selon vous, elle vous a parlé d'un second portrait, plus grand, qui était dans son salon et elle vous aurait proposé de venir le voir?— R. Oui monsieur, cela est exact.

D. Cela annonce une hospitalité assez bienveillante, ainsi vous l'avez suivi dans le salon? — R. Oui, monsieur.

Et c'est là où le lendemain elle a été trouvée assassinée?

L'accusé ne répond pas et pleure abondamment.

D. Comment la lutte qui a eu lieu s'est-elle engagée?— R. (D'une voix entre coupée par les larmes.) Sur un mot que m'a dit madame Sénepart, elle m'a appelé *aventurier*, et m'a ordonné de sortir.

D. Comment concevoir que cette femme qui vous a si bien accueilli vous ait dit ce mot, si vous ne l'y aviez pas provoquée? Pourquoi vous aurait-elle traité d'aventurier, vous qui arriviez de Toulouse avec une lettre de sa famille?

L'accusé ne répond rien.

D. Tout cela est inadmissible. — R. C'est pourtant la vérité.

D. Il faut qu'il se soit passé quelque autre

chose ? — R. Elle a trouvé que je regardais ses tableaux trop longtemps et elle a surtout paru très contrariée de ce que j'avais décroché un petit tableau de Raphaël pour l'examiner plus à l'aise. C'est alors...

D. Eh bien ! c'est alors... achevez. — R. Alors elle me traita d'aventurier, voulut me faire sortir de chez elle, je la repoussai et elle tomba par terre.

D. Ainsi c'est sur un mot blessant et au lieu de sortir, comme elle le désirait et comme l'eut fait un honnête homme, que vous avez eu la barbarie de vous jeter sur une vieille femme âgée de soixante et quinze ans et que vous l'étranglez... Pensez-vous nous faire croire que vous vous soyez porté à cette extrémité sans avoir l'intention criminelle de la voler après vous être débarassé de sa personne? — R. Non, je n'avais pas cette intention.

D. Quand elle a été renversée, qu'avez-vous fait cependant? — R. Je n'avais pas l'intention de lui faire du mal, mais elle a crié, et ses cris n'ont fait perdre la tête, j'ai crains qu'on ne me surpris auprès d'elle dans cet état, je lui nis alors le coin de son chale sur la bouche pour l'empêcher de crier, et quand elle ne cria plus, c'est qu'elle était morte. (Mouvement.)

D. Puis qu'avez-vous fait? — R. Je restai à peu près un quart d'heure évanoui. En revenant à moi, j'ouvris le secrétaire et je pris tout ce que j'y trouvai.

D. C'est-à-dire 1,000 fr. d'or, 450 fr. d'argent, trois bourses et une montre d'or avec sa chaîne? — R. Oui, monsieur.

D. Ainsi, quand le premier crime a été consommé, vous en avez commis un second, vous avez volé des bijoux et de l'argent? — R. C'est vrai, mais je ne peux expliquer en aucune manière l'idée de ce vol.

D. Elle s'explique très bien au contraire, et c'est ici que vos antécédents ont de l'importance. En admettant que vous soyez resté éperdu après le premier crime, il ne fallait pas en commettre un second. Cette pensée de vol vous est venue parce que vous l'aviez conçue d'avance? — R. Je n'ai eu l'idée de voler que quand j'ai vu l'or.

D. Mais pour voir l'or, il a fallu que vous prissiez d'abord la clé du secrétaire, puis que vous ouvrissiez ce meuble, et quand on agit ainsi, c'est qu'on a déjà la pensée de commettre un vol.

L'accusé garde le silence.

D. Enfin ce qui est vrai, c'est que vous avez volé. — R. Oui, monsieur.

D. Autre circonstance : n'avez-vous pas refermé ensuite le secrétaire? — R. Oui, monsieur.

D. Ainsi, vous avez eu assez de sangfroid pour concevoir la pensée de ces deux crimes, pour les exécuter et pour replacer, après le vol, les clés dans le sac, et le sac sous le coussin du fauteuil où vous l'aviez pris; puis vous êtes parti? — R. Oui, monsieur.

D. N'avez-vous pas de plus dit à haute voix et pour écarter tout soupçon, en quittant cette chambre où vous laissiez un cadavre : « Madame, ne vous dérangez pas, je connais les êtres de la maison ?» — R. Oui, Monsieur.

D. Rentré à votre hôtel, vous y avez compté votre or? — Oui, Monsieur.

D. De là vous êtes allé au restaurant? — R. Oui ; mais je n'y ai pas dîné.

D. Nous croyons que vous avez déclaré avoir dîné à 22 sous. Après, qu'avez-vous fait? — R. J'ai été chez un changeur du passage Véro-Dodat vendre la chaîne et changer l'argent contre de l'or.

D. Et puis n'avez-vous pas osé le même jour, après l'assassinat, vers six heures et demie du soir, vous présenter chez M. Sénepart le fils, tranquille et le front serein? — Oui, Monsieur.

D. La famille était à table?— R. Oui, Monsieur.

D. La femme et les enfants étaient là? — R. Oui, Monsieur.

D. On a parlé de Toulouse, et vous les avez entretenus longuement des commérages, des cancans de cette ville. — R. Oui, Monsieur.

D. On vous a invité à prendre le thé, vous avez accepté, puis vous avez affecté de jouer avec les enfants, à qui vous faisiez avec du papier de petits jouets qu'on appelle, je crois, des *cocottes*?—R. Oui. C'était pour avoir une contenance.

D. Comment! vous veniez de commettre le plus lâche des assassinats, et votre première visite était pour la famille que vous veniez de plonger dans la désolation ! Mais vous au-

riez dû vous évanouir à la pensée que vous
alliez vous trouver en présence d'un fils qui
ignorait qu'il avait devant lui l'assassin de sa
mère. (Sensation prolongée.)

Ducros hésite à répondre, cache son visage
avec son mouchoir et paraît pleurer.

D. Et le lendemain de l'assassinat, vous
aviez toujours la même liberté d'esprit. Vous
écrivez à votre père : c'était votre devoir ; mais
comment avez-vous pu écrire une lettre pleine
de détails aussi précis, aussi minutieux sur la
famille, sur votre position, sur vos projets? Ce
n'est pas tout encore : le même jour, vous écrivez à M. Sénepart à Toulouse, et vous entrez
sur l'accomplissement de votre mission dans
des détails inimaginables. Vous vous attachez
à dépeindre l'intérieur charmant du ménage
Sénepart de Paris, le caractère de M. Virgile
Sénepart, et surtout à faire ressortir cette par-
ticularité, qu'il a pris le parti de recevoir toutes les lettres qu'on lui adresse, mais de ne répondre à aucune : « A tel point, dites-vous,
qu'on lui écrirait que le cloître de Saint-Sernin se promène dans la Garonne, il ne répon-
drait pas pour en marquer son étonnement ! »
Et puis, lui rendant compte de votre visite à madame veuve Sénepart, vous lui dites : « c'est
une bonne vieille charmante ; » puis enfin vous
terminez en disant : « Quant à madame Sénepart la jeune, je ne veux plus la revoir, car je
crains qu'elle soit trop aimable. » (Sensation.)
— R. Je disais cela pour ne pas être soupçonné.

D. C'est possible ; mais cela n'en prouve pas
moins votre grande quiétude d'esprit. Enfin,

le même jour, vendredi, n'avez-vous pas été chez le sieur Gineston, et ne lui avez-vous pas dit que, voulant quitter votre hôtel de la rue d'Orléans, vous alliez prendre une chambre dans la rue des Maçons-Sorbonne? — R. Oui, monsieur.

D. Ne lui avez-vous pas remis un rouleau contenant 1,500 fr. et plus, et dans lequel se trouvait aussi renfermé le boîtier de la montre volée? — R. Oui, j'avais jeté le mouvement dans la Seine, de peur que le bruit ne se fît entendre dans le rouleau.

D. Le soir même, n'êtes-vous pas allé avec lui au spectacle à l'Odéon? — Non, monsieur, ce n'est que le lendemain samedi.

D. Comment! vous avez commis un assassinat et un vol, et deux jours après, vous avez le triste sang-froid d'aller vous amuser au théâtre?

L'accusé baisse la tête sans répondre.

M. le président. En voilà bien assez... Nous allons entendre les témoins.

Cet interrogatoire, souvent interrompu par les larmes de l'accusé, n'a pas duré moins de deux heures; il a été suivi par l'auditoire avec un sentiment de stupéfaction impossible à décrire.

On procède à l'audition des témoins.

M. Troncin, docteur en médecine. Je fus chargé d'examiner l'état de la victime par M. le commissaire de police. En entrant dans le salon avec le collègue qui m'avait été adjoint, nous vîmes cette pauvre femme renversée. D'abord, je la crus asphyxiée; mais je m'aperçus bientôt qu'elle était étranglée. Son châle avait été replacé sur ses épaules. En examinant l'intérieur de la bouche, je vis que le pouce avait été placé sous la langue, qui avait été repoussée dans la gorge, de manière à étouffer Mme Sénepart. On avait évité les cris en plaçant le châle sur la bouche.

D. Ne croyez-vous pas plutôt que le pouce ait été enveloppé du châle? — R. Non, monsieur, il n'aurait pas pu être enfoncé aussi avant.

M. *Comfordan*, docteur en médecine, rend compte des mêmes circonstances. L'ordre des vêtements, dit-il, indiquait qu'on les avait replacés après la mort. En ouvrant la bouche du cadavre, je vis la base de la langue déchirée; sa pointe était redressée dans l'intérieur. Il y avait des traces d'ecchymoses sur les lèvres, sur le nez et à la partie latérale du cou.

M. *le docteur Ollivier* (d'Angers). Le 9 décembre dernier, je fus chargé, avec M. le docteur Bayard, d'examiner l'état du cadavre de la dame Sénepart. Il nous fut facile de reconnaître que la mort avait eu lieu par suite d'une asphyxie causée par étranglement. Le lendemain, l'autopsie nous donna toute certitude à cet égard : en même temps que le cou avait été pressé avec violence, et de manière à intercepter complétement l'introduction de l'air, on avait placé le pouce sur la base de la langue ; elle avait été refoulée dans le gosier avec une telle force, que le frein en était déchiré.

M. *le docteur Bayard* explique de la même manière la cause de la mort. M. le président ayant fait développer le paquet qui contient les vêtements de la victime, M. le docteur indique sur le châle les traces de mucus provenant de la pression de ce châle sur la bouche et sur la langue.

M. Chevalier, chimiste, dépose ainsi : Chargé d'examiner le châle de la victime, je reconnus facilement dessus, et en plusieurs endroits, une matière blanchâtre qui lui donnait une apparence gommée. J'en coupai une partie, et je la mis dans de l'eau distillée. Des bulles d'air se dégagèrent, et l'eau fut troublée. Il se déposa au fond une sorte de mucus, que je fis évaporer, et je reconnus qu'il contenait de la matière animale, une partie alcaline et du chlorure de sodium, substances que l'on rencontre dans la salive.

On introduit *M. Sénepart fils* (*Virgile*), quarante-deux ans, propriétaire. (Mouvement d'intérêt.)

M. le président au témoin. Veuillez nous rendre compte des visites que vous a faites Ducros.

M. Sénepart. Oui, M. le président. Sa première visite est du 3 décembre. Vers onze heures du matin, au moment où j'allais me mettre à déjeûner avec ma famille, ma bonne vint me prévenir qu'un jeune homme arrivant de Toulouse désirait me parler et me donner des nouvelles de mon oncle. Je donnai ordre de le faire entrer ; c'est alors que je vis monsieur. D'abord, nous parlâmes de mon oncle et de diverses autres personnes de Toulouse dont j'avais conservé le souvenir. « N'est-il pas vrai, lui dis-je ensuite, qu'on a eu la méchanceté de faire courir le bruit que je ne vivais pas en parfaite intelligence avec ma femme? Du reste, ajoutai-je, vous arrivez inopinément, vous voyez mon intérieur, et vous pouvez vous assurer par vous-même s'il y a quelque chose de fondé dans ces bruits. Pourriez-vous me dire qui a pu parler ainsi à mon oncle? — Je l'ignore, me répondit-il, mais je crois que MM. Amilhau ne sont pas étrangers à ce bruit. Du reste, lorsque je retournerai à Toulouse, je pourrai, si vous le désirez, en m'y prenant adroitement, savoir la source de tout cela. — Oh! c'est bien inutile, répliquai-je, je méprise trop ces propos pour m'en inquiéter autrement. »

Là s'arrêta la conversation et monsieur me remit une note qu'il disait émanée de mon oncle et me concernant. Je fus blessé d'abord de ce mode de correspondance, je lus cependant la note et la posai ensuite sur la cheminée dans l'intention de la garder. Mais il me la redemanda et je l'a lui rendis.

Puis, désirant changer la conversation, je lui demandai ce qu'il venait faire à Paris: « Je viens faire mon baccalauréat, » répondit-il, — ah! voilà qui est incroyable, vous voulez étudier et vous quittez le pays de la science, notre antique cité si poétique et si littéraire? C'était un compliment de compatriote. Comptez sur moi, dis-je enfin, si jamais je puis vous être utile et venez ce soir dîner avec nous en famille, nous causerons de Toulouse. Monsieur accepta, puis me dit : J'ai encore à remettre à madame votre mère une lettre de la fille de votre oncle, et puisque je dîne avec vous, je vais en attendant aller la porter à madame veuve Sénepart. » Il me montra en effet cette lettre sur laquelle l'adresse était parfaitement mise. — Très bien, lui dis-je, et ce soir à cinq heures précises, ne manquez pas.

Monsieur fut exact, je rentrai à cinq heures dix minutes, je le trouvai à la maison. Durant le dîner, nous parlâmes de choses diverses, mais surtout de Toulouse, puis venant ensuite à parler des projets de monsieur, je me permis de lui donner quelques conseils. Je vous engage bien, lui dis-je, à ne pas aller demeurer dans le quartier latin, il vaut mieux rester de ce côté de l'eau. Vous feriez par là de mauvaises connaissances. Monsieur me dit que c'était en effet son intention, enfin à dix heures il nous quitta.

Cinq jours après cette entrevue, le 8 au matin, la femme de ménage de ma mère vint me prévenir qu'elle avait sonné inutilement à sa porte et qu'elle craignait qu'il ne lui soit arrivé un accident.

Je dois dire à la Cour, que, déjà quatre ans auparavant, ma mère avait été trouvée évanouie dans le salon. C'est alors que je la priai, à genoux, d'accepter une bonne que je payerais, elle accepta. Je lui payai une bonne 300 fr. par an, mais bientôt préférant l'existence isolée, elle la renvoya et n'en voulut point reprendre d'autre. De sorte, qu'en entendant ce que cette femme venait m'annoncer, j'eus la pensée que ma mère pouvait avoir cessé d'exis-

ter; mais je ne songeai pas qu'elle pouvait avoir
été victime d'un assassinat.

' En arrivant sur les lieux, je trouvai le commissaire de police de l'arrondissement, qui s'é-
cria : « Ah! monsieur, je vous en supplie, n'allez pas plus loin, madame votre mère est assassinée! » Je m'informai alors des personnes
qui avaient pu venir chez elle; la portière me
parla d'un jeune homme qui était venu la demander à trois reprises différentes; il était venu
deux fois sans la trouver, et ce ne fut que la
troisième fois, vers cinq heures qu'il la rencontra, et alors Dieu seul et monsieur (désignant
l'accusé de la main) savent ce qui s'est passé...
C'est trois heures après avoir commis ce crime
qu'il est venu chez moi pour la seconde fois, le
visage calme, le sourire sur les lèvres, et pour
me rendre une visite de politesse. Et là, messieurs, les mains encore toutes chaudes du sang
de ma mère, il osa me serrer la main, il eut
l'impudence de caresser mes enfants (mouvement d'horreur); il les fit danser sur ses genoux, joua avec eux, leur façonna des joujoux
en papier, enfin, il poussa même l'hypocrisie,
l'infâmie, jusqu'à les embrasser, disant qu'ils
étaient charmants, qu'il adorait les enfants.
(Le témoin, en donnant ces détails, paraît vivement ému.)

Ayant à sortir, je priai monsieur d'en faire
autant, ne voulant jamais en mon absence laisser un étranger avec ma femme. Il se leva, prit
sa canne, mit son chapeau sur sa tête. Je trouvai cela un peu provincial; mais je me dis : il
se formera. Nous fîmes route ensemble, et nous

nous quittâmes sur le boulevart, près du passage de l'Opéra. En lui disant adieu, je lui serrai la main, et je lui réitérai mes offres de services.

Le lendemain de l'assassinat, j'écrivis à mon oncle et à sa fille pour leur faire part de ce triste événement. Bientôt j'en reçus deux lettres aussi lâches qu'infâmes...

M. le président interrompant. Témoin, calmez-vous, laissez de côté ces détails, essayez plutôt d'effacer ces souvenirs de votre esprit, vous comprenez, d'ailleurs, que nous n'avons pas à nous occuper ici des torts que peut avoir votre oncle, nous avons toute autre chose à rechercher et à constater, restons donc dans le débat.

M. Sénepart. Ces lettres-là n'auraient jamais dû être écrites.

M. le président. Laissons cela. Dans la visite qu'il vous a faite l'accusé vous a-t-il dit son nom ?

M. Sénepart. Il ne m'a pas donné son nom, m'a parlé de sa tante, la dame Pagès, de son grand-père, de sorte, que je le croyais un M. Pagès ; de plus, lors de sa seconde visite, il m'avait dit qu'il demeurait rue Boucher. J'ai parcouru toute cette rue, il y était inconnu, et, en effet, c'était rue des Maçons-Sorbonne qu'il était allé demeurer.

Madame Sénepart, femme du précédent témoin, est appelée. Cette dame, toute jeune encore, est vêtue d'habillements de deuil.

M. le président. Madame, le 3 décembre,

n'avez-vous pas vu l'accusé? — R. Oui, monsieur, vers onze heures du matin.

D. Sous quel nom s'est-il présenté chez vous?
— R. Je l'ignore; je sais seulement qu'il n'a pas
pris le nom de Ducros.

D. Le mercredi 6, n'êtes-vous pas allée voir
votre belle-mère, et vous a-t-elle parlé de la visite d'un jeune homme de Toulouse. — R. Oui;
elle m'a même dit qu'elle avait voulu le charger d'une boîte pour moi ; mais qu'il avait refusé, en disant qu'il était pressé.

D. Vous a-t-elle dit quel jour il était venu?
— R. Non, monsieur.

D. Avez-vous reçu la visite de ce jeune homme?
— R. Non, c'est le lendemain.

D. Savez-vous s'il a cherché à vous revoir?
— R. On ne m'a pas dit qu'il se fut présenté
chez moi.

M. le président à l'accusé. Vous voyez, Ducros, vous prétendez expliquer votre insistance
à revoir madame Sénepart, en disant que vous
aviez à lui rendre compte d'une commission
dont elle vous avait chargé. Et cependant, il
résulte de cette déposition, que non seulement
vous n'aviez aucune commission à remplir,
mais même que vous aviez refusé celle dont on
avait voulu vous charger.

L'accusé baisse la tête et ne répond rien.

La femme Chaudrivot, âgée de quatre-vingt-
un ans, femme de ménage. J'ai sonné chez
Mme Sénepart à plusieurs reprises, et voyant
que personne ne répondait, j'ai été avertir son
fils; celui-ci m'a dit: « Mon Dieu! il est sans
doute arrivé un accident à ma pauvre mère! »

La femme Josse, portière, rapporte que l'accusé s'est présenté trois fois, le jour de l'assassinat, au domicile de Mme veuve Sénepart.

M. le président. Et combien est-il resté de temps la dernière fois? — R. Ah! je ne sais pas au juste; je cirais des souliers.

M. l'avocat-général. Eh bien! en avez-vous ciré beaucoup? — R. Deux ou trois paires.

D. Eh bien! combien mettez-vous de temps pour cirer une paire de souliers? — R. Ah! dam! ça dépend; je ne regarde pas à ma montre. (Hilarité générale.)

M. le président. Allons! il sera difficile d'obtenir quelque chose de votre témoignage. Allez vous asseoir.

Au moment où l'on introduit le témoin suivant, Me Pinède prie M. le président de rappeler la portière, afin de lui adresser une autre question sur le jour de la première visite de Ducros.

M. le président. J'y consentirai dans un instant; mais je doute que vous ayez satisfaction.

Mme Gibon rend compte de l'arrestation de l'accusé chez elle.

M. l'avocat-général. N'avez-vous pas été étonnée de l'aisance de ses manières et de son langage? — R. Oui, monsieur.

On rappelle la femme Josse.

M. le président au témoin. Aviez-vous vu l'accusé avant le jour de l'assassinat? — R. Je l'ai vu quand il est venu apporter des nouvelles de Toulouse.

D. Vous rappelez-vous quel jour il était

venu? — R. Ah! dam! non, je ne m'en souviens pas.

Le sieur Josse fils, âgé de vingt-un ans, fait une déposition insignifiante.

Mme Roussille, jeune et jolie personne, dépose que Ducros est venu lui apporter une lettre de Toulouse.

D. Ne vous a-t-il pas parlé de Mme Sénepart mère? — R. Oui, il m'a dit qu'elle était petite et mise avec simplicité.

D. Ne lui avez-vous pas répondu que vous pensiez qu'elle vivait avec une modique pension qui lui était faite par son fils, mais que cependant vous croyiez qu'elle avait des économies? — R. Oui, monsieur.

La femme Mercier, marchande de gâteaux et de pâtisserie, boulevart du Temple, dépose qu'elle a vendu un gâteau à l'accusé. Elle l'a vu marcher trois quarts-d'heure en long et en large. C'était entre une heure et trois heures; mais elle ne se rappelle pas si cette promenade a eu lieu le jour même où il a acheté le gâteau. J'ai pensé, dit le témoin, qu'il avait un rendez-vous.

M. le président à l'accusé. Convenez-vous de cela?

L'accusé. Non, monsieur.

M. le président. Ce fait impliquerait préméditation.

La femme Gros. Je travaille chez Mme Mercier. Un jour, l'homme qui est là, et que je crois reconnaître, est venu acheter un gâteau.

M. Victor Aaron, changeur, galerie Véro-

Dodat. L'accusé est venu à la maison deux fois. La première fois, mon frère seul était présent. Il changea à l'accusé un billet de 500 francs contre de l'or. Le soir, le même individu revint, et s'adressant à moi, me proposa de lui changer une chaîne en or. Je lui offris un prix; puis nous causâmes longtemps de Toulouse, de diverses personnes de notre connaissance. Quant à la chaîne, il disait la tenir de sa mère.

D. Vous rappelez-vous si ses manières annonçaient du calme, de la quiétude d'esprit? — R. Oh! oui, monsieur, le plus grand calme; il était impossible de se douter qu'il venait de commettre un crime.

D. Êtes-vous sûr qu'il a changé un billet de 500 fr. contre de l'or? — R. Oui, monsieur, c'est mon frère qui a fait l'opération.

M. Aaron jeune, frère du précédent témoin, dépose des mêmes faits et confirme surtout le change du billet de 500 fr. contre de l'or.

L'accusé soutient, au contraire, qu'il a apporté 495 fr. en argent, qu'il a changé cet argent contre de l'or, afin de n'avoir que de l'or, car il avait encore 1,000 fr. en or, volés chez Mme Sénepart.

Le témoin persiste dans sa déposition et rappelle diverses circonstances qui ont fixé ses souvenirs.

M. le président à l'accusé. Au lieu de 1,500 francs, n'auriez-vous pas pris 2,000 francs? Cela expliquerait la déclaration du témoin.

L'accusé. Non, monsieur.

M. le président. Au surplus, la circonstance

est indifférente dans l'état actuel des choses.

M. Julien Destrem, élève en médecine militaire. J'ai vu l'accusé deux ou trois fois à Toulouse, il y a deux ans et demi, et je l'ai revu à Paris le lundi 4 décembre dernier. La veille, en rentrant chez moi, je trouvai un billet non signé, qui me prévenait qu'un ami de Toulouse venait d'arriver. Je l'ai vu avec M. Gineston, et je ne le revis que le vendredi.

M. le président. C'est le lendemain du crime. M. Gineston ne vous a-t-il pas dit qu'il lui eut confié quelque chose?

Le témoin. Pas ce jour-là; mais plus tard, il me fit part du dépôt que Ducros lui avait laissé et m'exprima même l'inquiétude qu'il avait conçue en ouvrant le paquet.

M. Gineston, étudiant en médecine, est introduit.

M. le président au témoin. Connaissiez-vous l'accusé avant son arrivée à Paris?

M. Gineston. Oui, monsieur, je l'ai connu un peu à Toulouse il y a deux ans; il était chez son grand-père, pharmacien.

M. le président. Racontez ce qui s'est passé entre vous et lui depuis le 3 décembre dernier.

M. Gineston. Ayant trouvé chez moi un petit billet qui m'avertissait de son arrivée, j'allai à l'hôtel d'Orléans pour le voir. Il était de bonne heure. Je le trouvai dans son lit. Il me parla des difficultés qu'il y avait pour arriver à quelque chose, quand on était sans argent. « Pour moi, disait-il, je suis brouillé avec mon grand-père, et je serai bientôt au bout de mes écus; mais j'ai espoir dans mon cousin, l'abbé Bourrel, qui, probablement, me donnera de l'argent quand il saura que je viens à Paris pour passer mon baccalauréat et suivre un cours de pharmacie. » Ducros, ensuite, me parla de sa maîtresse, qui bientôt devait arriver de Toulouse et lui remettre une somme de 400 fr. Nous sortîmes pour déjeûner ensemble, après quoi nous allâmes au cours de M. Orfila, puis à Saint-Sulpice, pour avoir des nouvelles de son cousin, et nous ne nous quittâmes qu'à dix heures du soir.

D. Il ne vous a pas quitté dans la journée? — R. Non, monsieur.

D. Quel jour l'avez-vous revu depuis? — R. Je le revis le vendredi. Il vint chez moi à huit heures. Il paraissait content. Il me dit que sa démarche auprès de son cousin avait réussi, qu'il avait reçu de lui 80 fr., que sa maîtresse lui avait envoyé 300 fr. Il tira un rouleau de sa poche, me le montra et me proposa de le lui garder, en me disant que, s'il le conservait, il le dépenserait. Il le plaça lui-même dans mon secrétaire.

D. N'avez-vous pas passé la journée avec lui? — R. Oui, monsieur.

D. Rien n'annonçait le crime dont il s'était rendu coupable? — R. Non, Monsieur.

D. N'êtes-vous pas allés ensemble au spectacle, à l'Odéon? — R. C'est le lendemain seulement.

D. Quand avez-vous conçu des inquiétudes au sujet du dépôt qui vous avait été confié? — R. C'est le lundi; en ouvrant mon secrétaire, j'aperçus le rouleau et je vis que l'adresse de Ducros était écrite de sa main. Cela me parut étrange ; la forme inégale du paquet me parut aussi assez singulière ; voulant savoir ce dont j'étais dépositaire, je décachetai le rouleau et je vis qu'il contenait 1,500 francs en or et une boîte de montre. Cela me donna des soupçons ; je pensai que Ducros avait commis un vol.

La femme Barbet, 64 ans, concierge de la maison où demeure M. Sénepart fils, dépose que l'accusé est venu le dimanche qui a précédé l'assassinat et le jeudi, jour où il a été commis.

La domestique de M. Sénepart fils confirme cette déclaration.

M. le président. Ceci démontre encore que l'accusé n'était chargé d'aucune commission par madame Sénepart mère auprès de sa bru, autrement, en effet, il serait retourné chez cette dernière avant le jeudi.

L'accusé persiste à soutenir qu'il s'est présenté chez madame Sénepart jeune le mercredi.

M. Pagès, qui, ayant eu le malheur de faire route avec l'accusé, a été d'abord l'objet de soupçons dont l'erreur a bientôt été vérifiée et reconnue, dépose que, pendant le voyage de Toulouse à Paris, il n'a existé aucuns rapports entre lui et l'accusé. (Il existe entre la figure de ce témoin et celle de l'accusé une ressemblance assez remarquable.)

M. le président. C'est par une malheureuse fatalité que M. Pagès avait été arrêté. Cela provient de ce que M. Sénepart avait, à tort, ou à raison, cru entendre l'accusé se donner ce nom.

On entend encore plusieurs autres témoins dont les dépositions sont sans intérêt.

A trois heures, l'audience est suspendue; un quart d'heure après, elle est reprise, et la parole est donnée à M. l'avocat-général.

M. l'avocat-général JALLON soutient l'accusation. Il retrace les antécédents de l'accusé, le montre menant une vie débauchée à Toulouse, volant ses parents. Puis, arrivant aux faits de l'accusation, M. l'avocat-général en retrace tous les détails et relève toutes les circonstances qui lui paraissent dénoter la préméditation, le calcul et l'absence du repentir.

Voulez-vous savoir, s'écrie M. l'avocat-général, jusqu'à quel point cet homme est calme après le crime? Ecoutez la lettre suivante, adressée par lui à M. F. Sénepart, chef d'escadron en retraite à Toulouse :

« *Paris*, 8 *décembre* 1845.

» Monsieur,

» Mes nombreuses occupations m'ont empêché de vous écrire de suite, comme je vous l'avais promis. Cependant je suis allé dimanche chez M. votre neveu, qui m'a reçu on ne peut mieux. Les bruits qui ont couru sur son compte sont complétement faux : il est avec sa femme comme le jour de ses noces. C'est un ménage charmant. Il a deux enfants magnifiques. J'allai lundi chez sa mère, qui est une bonne vieille charmante.

» Ne soyez pas étonné de ne plus recevoir des nouvelles de votre neveu, parce qu'il m'a dit que depuis quelque temps il a pris la détermination de recevoir toutes les lettres, mais qu'il ne répondait à aucune.

» Il m'a dit, pour plus forte preuve, que lors même qu'on lui apprendrait que le cloître de Saint-Sernin se promène dans la Garonne, il n'écrirait pas pour marquer son étonnement.

» J'ai vu madame Sophie, qui est charmante. Je lui ai demandé la permission d'aller la voir pendant mon séjour à Paris, et je crains de ne pouvoir y aller, car je sens qu'elle est trop aimable.

» Agréez, etc.

» Honoré Ducros.

» Mes amitiés à votre aimable demoiselle. »

M. l'avocat-général termine en rapprochant toutes les circonstances aggravantes. Il y a des accusations qui ne se discutent pas, dit-il, mais qui se racontent. Ce n'est pas ma faute si, en parcourant cette vie, j'ai toujours trouvé, non la figure d'un homme, mais les traits d'un assassin.

Après une suspension de quelques minutes, MM^{es} Pinède et Dugabé présentent la défense de Ducros et s'attachent surtout à obtenir des circonstances atténuantes en faveur de son jeune âge, de ses aveux et de son profond repentir.

M. l'avocat-général JALLON réplique; M⁰ Du-gabé lui répond :

M. le président POULTIER prononce le résumé impartial et complet des débats.

A dix heures un quart, le jury entre en délibération. Au bout d'une demi-heure, il revient à l'audience et déclare Ducros coupable d'homicide volontaire, commis avec préméditation et suivi de vol, sans circonstances atténuantes.

En conséquence, la Cour conadmne Marie-Honoré Ducros à la peine de mort.

Ducros, qui, à la lecture du verdict, a laissé tomber sa tête sur la balustrade du banc des accusés et a conservé cette position, se lève vivement quand l'arrêt est prononcé et quitte l'audience d'un pas ferme et assuré.

_____

Exécution de Ducros.

Samedi, 20 avril 1844.

Ducros, dont le malheureux père était resté à Paris, cherchant par d'infatigables démarches à adoucir le sort de son fils et à détourner de sa tête le glaive de la loi, Ducros, disons-nous, malgré que depuis longtemps déjà il connût le rejet de son pourvoi en cassation, n'en paraissait pas moins assez calme et assez résigné; il est vrai de dire aussi qu'il n'avait pas perdu toute espérance et que le long intervalle écoulé depuis sa condamnation lui avait au contraire fait concevoir l'espoir qu'en faveur de son jeune âge et de sa famille, la clémence royale lui permettrait de vivre et même d'espérer un avenir meilleur. Mais vain espoir, les circonstances atroces qui avaient accompagné et suivi son crime, l'utilité d'un exemple solennel, avaient rendu l'expiation nécessaire; aussi son pourvoi en grâce a-t-il dû être rejeté.

Lorsque, ce matin, vers six heures, M. l'abbé Montès et le directeur de la prison de la Roquette pénétrèrent dans son cachot, Ducros comprit aussitôt que son heure était venue. Ce dut être une bien terrible déception pour lui, car il tomba presque évanoui et eut un moment de stupeur et d'immobilité, qui pouvait faire croire que sa raison l'avait abandonné. Cependant, les soins qu'on lui a prodigué n'ont pas tardé à le ranimer et à lui faire reprendre ses sens. « C'est mourir bien jeune, » s'est-il alors écrié; puis, après un moment de réflexion, il a ajouté : « Je l'ai mérité!... Mourir sur un échafaud!... Oh! quelle sera la douleur de ma famille!...»

Resté seul avec M. l'abbé Montès, Ducros s'entretint avec lui assez tranquillement et manifesta un sincère repentir de son crime; puis vint l'instant des derniers préparatifs, ce qu'on nomme la *toilette*. D'abord, il supporta ces horribles apprêts avec assez de calme et de résignation; mais bientôt il fut saisi par un tremblement nerveux et convulsif de tous ses membres. Conduit ensuite à la chapelle de la prison, il y entendit la messe avec une grande ferveur et y accomplit son dernier devoir de chrétien.

Vint enfin le moment du départ. Ducros, de plus en plus faible, pouvait à peine se soutenir, et il fallut presque le porter jusqu'à la voiture qui l'attendait. Avant de franchir le seuil de la prison, il voulut cependant remercier ses gardiens de leurs bontés pour lui, mais à peine put-il prononcer quelques paroles.

Dès le point du jour, l'instrument du supplice était dressé sur la place de la barrière Saint-Jacques. Une foule assez nombreuse stationnait sur ce point, et parmi cette foule, le croirait-on, il y avait de belles et élégantes dames, venues là en équipage et qui, munies de lorgnettes, attendaient la venue du condamné, et de temps en temps souriaient et conversaient, ainsi que dans une loge au théâtre. A huit heures moins quelques minutes, la voiture des prisons parut dans le lointain ; un *hourra* de satisfaction et de frémissement parcourut cette foule impatiente.

La voiture s'arrêta bientôt au pied de l'échafaud. Le patient, l'abbé Montès et l'exécuteur des hautes œuvres en descendirent. Ducros paraissait avoir recouvré quelque force. Il se mit à genoux sur la première marche et fit une courte prière ; puis ayant reçu la bénédiction de son confesseur et baisé à plusieurs reprises l'image du Christ, il leva les yeux au ciel et s'écria d'une voix tremblante : « Mourir si jeune!... Mon Dieu ! mon père ! pardonnez-moi!... »

A dater de ce moment, une pâleur livide envahit son visage, qui avait conservé jusque là un peu d'animation. Sa tête s'inclina sur sa poitrine, et c'est à peine s'il pouvait se soutenir lorsqu'il a fallu gravir les degrés de l'échafaud, appuyé sur les deux aides de l'exécuteur. Arrivé sur la plate-forme, on lui a enlevé sa redingote, attachée sur ses épaules, et sa casquette. Déjà ce n'était, pour ainsi dire, qu'un cadavre ; cependant, tandis qu'on l'attachait sur la planche fatale, il poussa quelques sourds gémissements ; mais, presque aussitôt, le couteau triangulaire tombait avec un bruit sinistre, et Ducros avait cessé de vivre.

Presque en même temps aussi, une des belles dames accourues là pour voir mourir un homme tombait évanouie entre les bras de ses valets... Elle avait obtenu ce qu'elle désirait.... une émotion forte.

COUR D'ASSISES DE LA DORDOGNE.

Audience des 23, 24 et 25 avril 1844.

AFFAIRE.

REYNAUD ET CLERGEAUD.

Empoisonnement d'un mari par sa femme, de complicité avec son amant.

Cette affaire, l'une des plus importantes et des plus graves qui se soient présentées aux sessions des cours d'assises de la Dordogne depuis plus de vingt ans, avait vivement excité la curiosité publique et attiré à l'audience une foule nombreuse et compacte. Un assez grand nombre de dames figurent derrière les magistrats de la cour.

A dix heures, les accusés sont introduits. Jeanne Deffargeas, veuve Reynaud, principale accusée, est vêtue de noir ; elle porte le costume des paysannes riches de la Dordogne. Son visage bruni, et sans caractère particulier, porte les traces d'une certaine préoccupation et paraît annoncer plutôt une faible intelligence qu'un caractère méchant et vicieux.

François Clergeaud, son co-accusé, est un homme d'une taille élevée ; il est fortement constitué. Quoique âgé de cinquante-neuf ans, son extérieur annonce une énergie peu commune et toute la vivacité d'un autre âge. Sa mise n'annonce pas un habitant de la campagne : ses vêtements ont quelque chose d'élégant; mais, d'un autre côté, ils sont délabrés et en mauvais état. Sa figure est calme et riante; il a l'air plutôt rusé que spirituel, et ses yeux gris annoncent une profonde astuce et un grand fond de dissimulation. Sa bouche grande, ses lèvres épaisses et béantes donnent en général à sa physionomie un aspect désagréable. Cependant, chez lui, comme chez la veuve Reynaud, rien ne laisse apparaître les penchants vicieux qui ont dû les porter à commettre le crime horrible dont ils sont accusés.

Quelques instants après l'introduction des accusés, la cour entre en séance, présidée par M. le conseiller BONNORE.

M. le procureur du roi DUMONTEIL-LAGRÉZE occupe le fauteuil du ministère public.

MM⁰ⁱ MIE, LAURIÈRE et DE LABOISSIÈRE sont au banc de la défense.

Après l'interrogatoire des accusés, le greffier donne lecture de l'acte d'accusation.

Voici, d'après cet acte, le résumé des charges qui s'élèvent contre les deux accusés:

Jean Reynaud, âgé de quarante-trois ans, homme laborieux et de mœurs fort douces, vivait, estimé de tous ses voisins, au bourg de Saint-B᷎ m᷎᷎in, où il possédait une petite propriété qui lui procurait une honnête aisance.

Reynaud avait épousé Jeanne Deffargeas, qui était à peu près du même âge que lui. Longtemps cette union avait été heureuse et paisible; mais un jour, un homme s'introduisit dans l'intimité du ménage, et des relations criminelles s'établirent entre lui et la femme Reynaud; cet homme, c'était François Clergeaud. Clergeaud habitait alors le village de Saint-Romain, où il possédait aussi une propriété ; mais son humeur processive et son immoralité ayant mis le désordre dans ses affaires, il fût exproprié et obligé de se retirer au lieu du Clapier, à un myriamètre de Saint-Romain. Au lieu de cesser alors ses rapports avec les époux Reynaud, ils n'en devinrent que plus fréquents, et il fit à Saint-Romain des voyages presque journaliers.

Vers le milieu du mois de juin dernier, Reynaud, qui était d'une très robuste constitution, éprouva un malaise extraordinaire, et, depuis lors, cette indisposition ne fit qu'augmenter ; elle se manifestait surtout après les repas. Enfin, le 23 juin, le mal devint d'une extrême violence, et le malheureux Reynaud s'alita alors pour ne plus se relever. Il mourut le 17 juillet, après un mois d'horribles souffrances.

La rumeur publique accusa la femme Reynaud d'avoir empoisonné son mari, de complicité avec Clergeaud, et l'autorité judiciaire fit procéder, le 1er août, à l'exhumation et à l'autopsie du cadavre. Les premières expériences des chimistes déterminèrent l'arrestation immédiate des accusés, et bientôt l'analyse scrupuleuse des intestins démontra la présence incontestable, soit de l'acide arsénieux, soit d'un sel soluble d'arsenic. Enfin, une contre-épreuve, opérée à Paris par les soins de MM. Orfila et Ollivier (d'Angers), sur une partie des matières réservées par les chimistes de Nontron, donna un résultat absolument identique, et permit de constater que la mort de Reynaud était due à un empoisonnement par l'arsenic.

Les deux accusés avaient d'abord attribué la mort de Reynaud à un suicide; mais bientôt Jeanne Deffargeas, séparée de Clergeaud, et soustraite ainsi à son influence, se détermina à faire au maire de Saint-Romain et aux magistrats instructeurs les aveux les plus explicites. Voici le résumé de ses déclarations :

Vers les fêtes de Pâques de l'année 1843, Clergeaud proposa à Jeanne d'empoisonner son mari, afin de pouvoir se réunir à elle après son décès. Cette proposition ayant été acceptée, Jeanne reçut bientôt de son amant une quantité d'arsenic du volume d'une châtaigne. Le 22 juin, continue la femme Reynaud, une voisine lui ayant apporté des fraises, elle en fendit six avec un couteau, y introduisit le poison et les servit à son mari, qui les mangea et ne parut éprouver aucun malaise. Ce fut le lendemain seulement que les douleurs et les vomissements se manifestèrent.

Ce jour, à trois heures, le malheureux Reynaud rentra et se mit au lit. Les souffrances de son mari n'arrêtèrent pas Jeanne Deffargeas dans sa criminelle entreprise. Le médecin avait prescrit des tisanes : Jeanne délaya dans un verre d'eau tout le poison qui lui restait, et, chaque fois que son mari demandait à boire, elle avait soin de mêler à la tisane un peu de cette eau empoisonnée. Ce ne fut qu'au dernier moment, et lorsque le malade se débattait dans l'agonie de la mort, que Jeanne, frémissant trop tard à l'idée du crime qu'elle avait commis, se hâta de jeter au feu le peu de poison qui lui restait.

Pendant la maladie de Reynaud, Clergeaud vint deux fois à Saint-Romain, approuva tout ce que Jeanne avait fait et lui recommanda vivement de faire toujours boire à son mari de la tisane empoisonnée.

C'est ainsi que cette femme a dévoilé à la justice les horribles détails de la mort de son mari.

Clergeaud a constamment opposé à ces aveux les plus vives dénégations, et Jeanne, ayant pu de nouveau entrer en communication avec lui dans la prison de Nontron, a bientôt rétracté ses déclarations premières, attribuant les aveux qui lui étaient échappés à un accès de délire et à une vive irritation contre Clergeaud.

Malheureusement pour ce dernier accusé, de nombreux témoignages viennent corroborer les déclarations de sa complice, et il est prouvé que peu de temps avant la mort de Reynaud, il avait fait acheter de l'arsenic par le sieur Couturas, son beau-frère, et de graves indices semblent démontrer qu'il avait déjà tenté lui-même d'empoisonner Reynaud, car ce dernier, qui avait pris un repas chez Clergeaud quelque temps après sa mort, avait été depuis constamment indisposé.

Telles sont les principales charges qui résultent de l'acte d'accusation dressé contre François Clergeaud et Jeanne Deffargeas, et qui ont déterminé leur renvoi devant la Cour d'assises, sous l'accusation d'empoisonnement sur la personne de Jean Reynaud.

M. le président procède à l'interrogatoire des accusés, qui déclarent tous deux être nés à Saint-Romain. A chacune des questions qui leur sont adressées, et qui sont, à peu de chose près, la répétition des charges portées contre eux dans l'acte d'accusation, Jeanne Deffargeas et Clergeaud répondent par des dénégations absolues. Jeanne Deffargeas, qui a répété quatre fois les mêmes aveux lors de l'information, proteste aujourd'hui de son innocence, et elle explique ses premières déclarations par l'épouvante qu'on lui avait inspirée lors de son arrestation.

On passe à l'audition des témoins. Nous ne rapporterons que les dépositions les plus importantes.

Les médecins et les chimistes sont d'abord entendus et rendent compte de la maladie et de la mort de Reynaud, ainsi que de l'autopsie et des analyses chimiques auxquelles ils se sont livrés, et qui ont amené la constatation du crime.

La femme David, aubergiste à Thiviers, est ensuite entendue. Les deux accusés ont passé chez elle une partie de la journée, le lendemain de la foire. Désirant s'assurer par elle-même de la vérité des bruits qui couraient sur les relations intimes qu'on prétendait exister entre eux, elle a regardé par le trou de la serrure, et elle a pu se convaincre que les bruits qui couraient n'étaient pas calomnieux.

Le témoin, pressé par M. le président de tout

dire, entre alors dans des détails où nous ne pouvons le suivre, mais qui ont dû mettre dans une position embarrassante et cruelle les dames et les demoiselles qui encombraient l'auditoire.

Clergeaud nie effrontément les faits rapportés par le témoin; celui-ci les précise alors d'une manière encore beaucoup plus claire et, qui ne permet plus de doute.

M. Barrailler-Laplante, officier de santé et maire de Saint-Romain, après être entré dans quelques détails sur la maladie de Reynaud, s'exprime en ces termes au sujet des aveux de Jeanne Deffargeas.

Quelques jours après son arrestation, Jeanne fut conduite à Saint-Romain, pour assister à une enquête faite par les soins de M. le procureur du roi de Nontron. L'accusée, que je connaissais particulièrement, me demanda alors des conseils, et, sur l'avis que je lui donnai de ne pas se laisser influencer par Clergeaud et de dire toute la vérité à la justice, Jeanne me confessa qu'elle avait elle-même empoisonné son mari, par suite des conseils de Clergeaud. Celui-ci lui avait apporté un jour un paquet d'arsenic gros environ comme une châtaigne. D'abord, elle introduisit quelques parcelles de cet arsenic dans des fraises qu'elle fit manger à son mari; puis les symptômes de l'empoisonnement s'étant déclarés, elle délaya dans un verre d'eau tout le poison qui lui restait, et chaque fois que son mari demandait à boire, elle avait soin de mêler à la tisane qu'elle lui donnait un peu de cette eau empoisonnée.

Le soir, elle répéta ses aveux, en y ajoutant les détails les plus circonstanciés, disant que : *quand on déroule une pièce de drap, il vaut autant la dérouler tout entière.*

Interrogée par M. le président sur cette grave déposition, la femme Reynaud prétend que M. Barrailler lui a arraché cette version par ses obsessions et ses menaces, mais qu'alors elle en imposait par un récit imaginaire.

M. Barrailler rend aussi compte de diverses circonstances tendant à établir que Jeanne Deffargeas aurait voulu faire croire à un suicide et aurait proposé 300 fr. à un individu, pour l'engager à dire que Reynaud s'était empoisonné.

Interrogé sur la réputation de Clergeaud, le témoin dépose que cette réputation était assez mauvaise et que l'accusé, qui passait pour un chicaneur, avait été notamment soupçonné d'un vol de 50 fr.

Le sieur Dupont, gendarme, rend compte des aveux que lui aurait faits la veuve Reynaud, aveux plus circonstanciés encore que ceux faits à M. Barrailler. C'est à Dupont que Jeanne dit avoir mis d'abord du poison dans les frises de son mari ; c'est aussi à ce témoin qu'elle déclara que l'arsenic avait été remis à Clergeaud par le beau-frère de ce dernier, chargé de l'acheter à Thenon.

La déposition si positive de ce témoin fournit à M. le président l'occasion d'adresser à Jeanne Deffargeas des conseils qui ont vivement impressionné l'auditoire. Rappelant une à une les charges qui s'élèvent contre cette

femme et les aveux faits par elle, tantôt à Barrailler-Laplante, tantôt au gendarme Dupont,
tantôt à M. le procureur du roi de Nontron,
et enfin à M. le juge d'instruction, en présence
de Clergeaud, M. le président supplie la femme
Reynaud de renoncer à un système de déné-
gation qui ne peut que lui nuire. Il lui fait
entrevoir, comme conséquence de ses aveux,
l'admission des circonstances atténuantes et
une diminution de peine. Il l'engage à résister
enfin à la fatale influence que semble exercer
sur elle son co-accusé, influence qui lui sera
inévitablement fatale, et dont les conséquences lui feront bientôt verser des larmes de
sang.

Pendant cette chaleureuse allocution, un
gendarme, sur l'ordre de M. le procureur du
roi, s'était placé entre Clergeaud et Jeanne
Deffargeas, pour empêcher toute communication entre eux. Jeanne a quelque temps gardé
le silence, et paraissait vivement impression-
née. On a pu croire un instant qu'elle allait
céder aux avis qui lui étaient donnés; mais elle
n'a enfin rompu le silence que pour persister
dans son nouveau système de défense.

Je ne puis dire que ce qui est, a-t-elle répondu, et lorsque je me suis accusée, je disais
alors ce que je n'avais pas fait.

Après cet incident, l'audience est levée et
renvoyée au lendemain.

A dix heures, la Cour entre en séance. L'audition des témoins est reprise.

Marie Simon dépose que, se trouvant dans
la prison de Nontron, en compagnie de Jeanne

Deffargeas, elle aurait vu souvent celle-ci communiquer avec Clergeaud à travers une porte pratiquée dans le mur qui sépare la cour des hommes de celle des femmes. Ils étaient, dit-elle, continuellement à se concerter, et Clergeaud, indépendamment des conseils qu'il donnait lui-même à sa co-accusée, m'avait chargée de l'engager à rétracter ses aveux. « Sans les déclarations, nous ne serions pas en prison, disait-il devant moi à Jeanne ; mais il faut dire à l'avenir que la peur seule t'a fait parler. » L'influence exercée par Clergeaud sur Jeanne était telle, que cette dernière lui faisait passer tout l'argent qu'elle pouvait se procurer, et qu'après avoir filé pour 70 centimes de laine, elle lui remit encore cette modique somme, qui lui était pourtant nécessaire à elle-même. « Quand je serai à Périgueux, disait Jeanne, je serai bien malheureuse, car je n'aurai plus Clergeaud pour me soutenir, et je ne saurai pas me défendre. »

M. le président fait à l'accusée de vives instances pour l'engager à reconnaître la vérité de cette déposition. Jeanne persiste dans ses dénégations avec la plus froide impassibilité. Clergeaud s'exaspère contre le témoin, qu'il accuse de faux témoignage et de vol.

Jean Couturas, beau-frère de Clergeaud. Ma position est bien pénible, et j'éprouve une grande humiliation à venir déposer contre le mari de ma sœur ; mais je dois la vérité à la justice, et si je l'ai cachée dans mon premier interrogatoire, j'ai eu tort, et ma conscience m'ordonne d'agir autrement aujourd'hui. En avril dernier, pendant une visite que je fis à Clergeaud, en compagnie de ma femme, ce dernier, après avoir causé avec moi des ravages que faisaient les rats dans sa maison, me pria de lui acheter du poison, sous prétexte qu'il ne connaissait pas assez le maire de sa commune pour lui demander un certificat. Je promis de lui rendre ce service ; mais je perdis de vue cette commission, et Clergeaud me la rappela depuis à plusieurs reprises, et me donna un franc pour cet objet. Enfin, vers le 15 du mois de mai, je me rendis à Thenon, chez M. Verlhiac, pharmacien, qui me délivra pour 50 centimes d'arsenic. Ayant rencontré Clergeaud à Périgueux, le 26, jour de la Saint-Mémoire, je lui remis le poison. Depuis, et le 4 août, Clergeaud me dit qu'il n'avait pas pu en faire usage, l'ayant perdu, disait-il, dans son parc à bœufs, où il n'avait plus retrouvé que le papier.

Couturas déclare en outre qu'il a toujours vécu avec son beau-frère en bonne intelligence.

Interrogé sur cette déposition, Clergeaud l'attribue à des motifs de haine ou de crainte qu'il ne sait pas bien préciser.

M. le président fait encore remarquer à Jeanne Deffargeas combien cette déposition coïncide avec ses premiers aveux, que le témoin ne pouvait connaître.

L'accusée persiste dans son silence.

Plusieurs témoins viennent confirmer la déclaration de Couturas.

M. Verlhiac, pharmacien, dépose que le

poison livré par lui pouvait, en effet, former le volume d'une châtaigne. Il y en avait pour empoisonner plus de cent personnes.

La femme Rebière dépose que l'accusée l'a engagé à dire que son mari s'était empoisonné. C'est ce témoin qui a envoyé à Jeanne les fraises dans lesquelles le poison aurait été introduit.

Quelques témoins à charge sont encore entendus. Leurs dépositions ne jettent aucun jour nouveau sur l'affaire. Quelques uns parlent des offres de récompenses qui leur auraient été faites par Jeanne Deffargeas, pour qu'ils déclarassent que le malheureux Reynaud s'était empoisonné lui-même.

On passe à l'audition des témoins à décharge; leurs dépositions sont complétement étrangères aux faits reprochés par l'accusation.

A l'audience du lendemain, M. le procureur du roi DUMONTEIL-LAGRÈZE a pris la parole et soutenu l'accusation contre les deux accusés.

Mᵉ LAURIÈRE, dans l'intérêt des accusés, a d'abord traité la question médico-légale et soutenu qu'il n'était pas établi que Reynaud fût mort empoisonné.

Mᵉˢ MIE et LABOISSIÈRE ont ensuite complété la défense des deux accusés.

A huit heures du soir seulement, M. le président commence son résumé et rappelle clairement en peu de mots, avec la rare impartialité qui le distingue, les charges produites par l'accusation et les moyens employés pour la défense.

A neuf heures, le jury entre dans la salle de

ses délibérations, d'où il ne sort qu'à plus de dix heures et demie. A sa rentrée, un silence profond s'établit aussitôt dans l'assemblée. La longueur de la délibération, la physionomie triste et presque abattue de la plupart de MM. les jurés, ne laissent que trop présumer le résultat de leur décision. Un long frémissement accompagne la déclaration que le chef du jury lit d'une voix profondément émue, et par laquelle les deux accusés sont déclarés coupables, en admettant, toutefois, des circonstances atténuantes en faveur de la veuve Reynaud.

Les deux accusés sont ramenés dans la salle. Clergeaud a perdu sa contenance assurée ; il est pâle et cherche à lire dans les yeux des défenseurs le sort qui l'attend. Jeanne Deffargeas est toujours froide et impassible.

Le greffier donne lecture de la déclaration du jury. M. le procureur du roi se lève et requiert la peine de mort et les travaux forcés à perpétuité contre la femme Reynaud. Pendant ce réquisitoire, les accusés gardent le silence, et ce n'est que lorsque M. le président leur demande s'ils n'ont rien à dire que Clergeaud seul prononce d'une voix entrecoupée et sanglottante quelques paroles sans suite et par lesquelles, cependant, il paraît protester encore de son innocence.

Me Mie peut à peine surmonter son émotion pour réclamer l'indulgence en faveur de sa cliente.

La Cour se retire pour délibérer. Au bout de dix minutes, elle rentre dans la salle, et M. le président prononce un arrêt qui condamne Jeanne Deffargeas, veuve Reynaud, à la peine des travaux forcés à perpétuité, et François Clergeaud à la peine de mort.

Les accusés ne prononcent aucune parole, ne profèrent aucune plainte. Jeanne, quoique abattue, marche cependant d'un pas assuré; mais Clergeaud n'a pu sortir de l'audience que soutenu par les gendarmes qui l'accompagnent.

COUR D'ASSISES DU NORD (Lille).

PRESIDENCE DE M. LE CONSEILLER BINET.

Audience du 29 avril 1844.

AFFAIRE DEBRIL.

Assassinat d'une femme par son mari.

François Debril, cultivateur à Wormouth, comparaît devant le jury, sous la grave accusation d'assassinat commis sur la personne de sa femme.

Voici les faits tels qu'ils sont établis aux débats.

La femme Debril vivait en fort mauvaise intelligence avec son mari; elle entretenait depuis longtemps des relations coupables avec le nommé Jonquère, un don Juan de village des plus effrontés, et pendant l'espace d'environ deux ans, elle avait vécu loin du domicile conjugal, en compagnie de son hardi séducteur. Cependant la femme Debril, cédant aux pressantes instances de sa famille, avait consenti à réintégrer le domicile commun, promettant bien d'oublier ses erreurs passées et de mieux se comporter à l'avenir; mais, hélas!

Souvent femme varie;
Bien fol est qui s'y fie.

aussi l'épouse adultère eut-elle bien vite oublié repentir et promesse, et repris de plus belle le cours de ses vieux péchés.

Jonquère le séducteur était revenu dans la commune, et de nouveaux désordres avaient recommencé. Huit jours même avant le crime, l'infortuné mari trouvait sa femme en conversation britannique avec son audacieux amant dans un cabaret de Wormouth ; et l'époux débonnaire, poussant en cette occasion la longanimité jusqu'au sublime du genre, s'était contenté de dire à sa perfide moitié : « Il y a trop longtemps que cela dure ; suivez-moi... — Non, pas encore, avait répondu l'effronté galant, il me reste quelque chose à dire à ta femme... » Et le mari ainsi mis à la porte, la conversation continua.

Huit jours plus tard, l'incorrigible Madeleine causait encore à son mari de nouveaux chagrins. Elle avait déserté pendant la nuit, le toit conjugal, et le lendemain, interpellée sur cette absence, elle prétendit avoir couché en la demeure d'une parente ; mais cette allégation fut bientôt reconnue mensongère. Poussé à bout par de si longs et si persévérants outrages, Debril, soit pour tenter de noyer ses soucis dans les pots, soit pour s'exciter à quelque résolution énergique, va s'attabler au cabaret et vide, coup sur coup, force pintes de bière. De là, il court tout furieux chez son beau-frère et s'écrie : « Ma femme est une coquine, je vais lui casser une jambe ; puis, quand elle sera racommodée, je lui casserai l'autre. » Il rentra ensuite chez lui, exalté tout à la fois par la colère et la boisson.

C'était le 18 février, vers trois heures après midi : la femme Debril était paisiblement assise dans un coin de la maison, un jeune enfant de neuf ans, qui fut le seul témoin du commencement de la scène, était jouant auprès d'elle. Debril, sans aucune explication, sans mot dire, s'élance sur sa femme, la saisit par les épaules, la terrasse et lui applique de violents coups de pied dans le ventre : « Frappez-moi, criait cette malheureuse sans défense, frappez moi jusqu'à la mort ! »

Cependant, Debril sort un instant de la chambre, met l'enfant dehors pour éloigner tout témoin, et rentre bientôt armé d'un énorme bâton... Que se passa-t-il dans cet épouvantable tête-à-tête? C'est ce que nul ne peut préciser. L'accusé prétend qu'il y eut une lutte acharnée entre lui et sa femme, lutte dans laquelle il aurait reçu lui-même de graves blessures, et aurait eu deux dents arrachées. Il soutient qu'il n'a frappé sa femme que pour lui faire avouer sa faute, et que c'est l'obstination de celle-ci à garder le silence et à braver sa colère qui seule l'a poussé à de pareils excès.

Quoi qu'il en soit, l'horrible scène se prolongea pendant plus d'une heure, et l'on n'entendit pendant ce long intervalle, que des gémissements, des cris et des coups redoublés; enfin, quand la vengeance fut complète, il rappela le jeune enfant; en sa présence, il ramassa le corps mutilé de la victime, et la déposa sur le lit, où elle ne tarda pas à expirer.

L'examen des hommes de l'art a constaté

que la femme Debril avait été assommée sous les coups les plus violents. Le corps était dans un état affreux de mutilation, le bras et l'avant-bras entièrement noircis et gonflés à force de contusions, la tête était horriblement fracassée, le nez et les oreilles violemment arrachés, un œil sortait de son orbite, toute la partie extérieure du corps n'offrait plus qu'une seule et vaste plaie. Le mari outragé avait accompli sur sa femme coupable l'acte le plus épouvantable de vengeance. C'est à raison de ce fait que l'accusé Debril est traduit aujourd'hui devant la Cour d'assises.

Cependant l'audition des témoins fait perdre à l'accusation une grande partie de sa gravité. Le ministère public abandonne lui-même la question d'assassinat. Il ne lui paraît pas suffisamment résulter du débat que Debril ait voulu donner la mort à sa femme. L'affaire se trouve donc ainsi réduite à une simple question de coups et blessures volontaires ayant occasioné la mort sans intention de la donner. Debril jouit d'ailleurs d'une excellente réputation. Sa conduite, jusque là, était demeurée irréprochable. Ses bons antécédents, sa longanime patience, la conduite scandaleuse de sa femme, l'effronterie incroyable du complice séducteur, tout milite puissamment en faveur de l'accusé. Aussi le jury, tout en le reconnaissant coupable du fait de coups et blessures, a-t-il déclaré en sa faveur des circonstances atténuantes. En conséquence, Debril a été condamné à trois ans d'emprisonnement.

COUR D'ASSISES DE LA SEINE.

Audience du 7 mars 1844.

AFFAIRE ROSENN-MAYER.

Accusation de bigamie.

Depuis longtemps la Cour d'assises de la Seine n'avait eu à statuer sur un chef de bigamie. Il est heureux que ce genre d'accusation devienne de plus en plus rare, car, généralement, il dénote et révèle des faits de corruption et d'immoralité profondes.

L'accusé, que les gendarmes amènent sur le banc des assises, justifie, par sa physionomie, le genre d'accusation portée contre lui; ses lèvres épaisses, son front déprimé, son teint plombé, son œil ardent semblent indiquer les appétits brutaux qu'il a assouvis par le crime; il déclare s'appeler Joseph Rosenn-Mayer, être âgé de 36 ans, ouvrier tailleur, né à Gray (Haute-Saône). Il est vêtu de noir, et sa contenance est troublée.

A onze heures, l'audience est ouverte. M. POULTIER remplit les fonctions de président; M. l'avocat-général de THORIGNY occupe le fauteuil du ministère public; M. MADIER DE MONTJAU est assis au banc de la défense.

Voici, d'après l'acte d'accusation, les faits reprochés à l'accusé :

Le 3 mai 1826, Rosenn-Mayer, alors âgé de dix-huit ans, a contracté mariage dans la commune d'Aprémont (Haute-Saône) avec Jeanne-Françoise Convert. Cette femme ne tarda pas à souffrir des mauvais traitements de son mari, qui se livrait à la débauche, et qui voulait même la pousser à s'adonner à la prostitution. Ils se séparèrent de fait en 1832. La femme Rossenn-Mayer garda le seul enfant qu'il eussent de ce mariage. Quant à son mari, il vint se fixer à Paris où bientôt il lia des relations avec la demoiselle Adélaïde-Virginie Paul-Pierre, qu'il rendit enceinte, et qu'alors il demanda en mariage et obtint facilement, à raison de son état de grossesse. Le mariage fut célébré le 18 février 1834 à la mairie du 11° arrondissement.

Rosenn-Mayer avait rapporté à l'officier de l'état civil le consentement de son père au second mariage qu'il venait de contracter. Ce consentement, il l'avait obtenu en écrivant deux lettres dans lesquelles il disait à son père, qu'après une longue maladie, sa femme avait succombé; que le veuvage lui pesait; qu'il s'ennuyait de sa solitude; qu'enfin, il avait besoin de se remarier.

Le mariage se fit donc, mais il ne fut pas plus heureux que le premier. Rosenn-Mayer renouvella sur sa seconde femme les mauvais traitements dont la première avait eu à souffrir; bientôt même il installa au domicile commun une maîtresse qu'il s'était faite, et il força même sa femme à habiter avec elle.

Ce fut alors que Françoise Convert arriva à

Paris. Un jour, passant aux Champs-Élysées, elle fut instruite de la position de son mari, non pas cependant du deuxième mariage qu'il avait contracté, mais des relations qu'il entretenait avec les deux femmes qui habitaient avec lui. Elle se présenta à son domicile avec leur enfant dont elle ne pouvait plus prendre soin. Ce fut alors que Rosenn-Mayer apprit à sa femme sa véritable situation et lui dit qu'il était marié avec la demoiselle Pierre-Paul.

Pendant que la femme Rosenn-Mayer délibérait sur le parti qui lui restait à prendre, son mari, sans doute effrayé, se décida à quitter la France et partit pour la Suisse avec sa seconde femme et sa maîtresse. Il y a même cette circonstance remarquable, que la maîtresse et le mari firent la route en voiture jusqu'à Langres, tandis que la femme fut obligée de faire ce trajet à pied.

Rosenn-Mayer ne fit pas un long séjour en Suisse; bientôt il revint en France après avoir abandonné sa deuxième femme, et fut rejoindre à Besançon sa maîtresse qui l'y attendait; mais là, l'autorité ayant été avertie, il ne tarda pas à être arrêté.

Après la lecture de l'acte d'accusation, M. le président procède à l'interrogatoire de l'accusé.

D. Le 3 mai 1826, vous vous êtes marié devant l'officier de l'état civil de la commune d'Apremont avec une fille nommée Jeanne-Françoise Convert? — R. Oui, Monsieur, j'avais alors dix-huit ans.

D. Il paraît que vous étiez loin de rendre votre femme heureuse; vous la maltraitiez souvent, et enfin, poussée à bout, elle fut réduite à fuir votre domicile ? — R. C'est elle qui, par sa mauvaise conduite, m'avait exaspéré : elle avait des amants.

D. Prenez garde à ce que vous dites. Ne me forcez pas à vous rappeler qu'aux termes de l'accusation, c'est vous qui l'excitiez à la débauche, et que vous avez à vous reprocher la prostitution où elle est tombée. — R. Si elle a mal fini, c'est après notre séparation, quand elle s'en est allée avec un militaire.

D. Est-ce que vous étiez séparés judiciairement ? — R. Oui, monsieur ; la séparation a été prononcée à Dijon.

D. Mais l'instruction ne dit rien de cette circonstance ? — R. Cependant, nous étions bien séparés.

D. C'est ce que nous examinerons dans un instant. Quoiqu'il en soit, cela ne vous donnait pas le droit de vous marier de nouveau, le 11 février 1834, à Paris, devant l'officier de l'état civil du 11° arrondissement. — R. Ce fut mon erreur.

D. Comment ! votre erreur ! Mais c'est tout au plus si, en Turquie, on procède de cette manière. Pensez-vous nous faire croire que, dans votre esprit, la séparation valût le divorce, et quelqu'un ignore-t-il en France que le divorce n'existe plus ? — R. Je n'y regardais pas de si près.

D. Cependant, la polygamie est un cas assez grave pour qu'on se donne la peine d'y regarder, et de tous les crimes que nous avons à juger, c'est certainement le plus rare. Comment s'appelait la femme dont vous aviez surpris la main? — R. Adélaïde Pierre-Paul.

D. Lui avez-vous dit que vous étiez marié?— R. Non, monsieur.

D. Il ne paraît pas qu'avec celle-ci votre conduite ait été meilleure qu'avec la première, c'est-à-dire avec votre femme légitime. — R. Oh! bien au contraire, celle-là n'était pas malheureuse.

D. N'avez-vous pas cependant introduit dans votre ménage, avec elle, une autre concubine nommée Malte? — R. Oui monsieur.

D. Vous le voyez, la débauche était un besoin de votre triste nature, car, non content de vivre en état de bigamie, vous aviez encore associé à votre existence cette troisième créature. Aviez-vous des enfants de votre femme légitime? — R. Oui, monsieur, un seul.

D. Et de la seconde? — R. Deux.

D. Et de la troisième? — R. Cinq. (Mouvement.)

Après cet interrogatoire, on introduit Françoise Convert, femme de l'accusé. Tous les regards se portent sur elle avec avidité : c'est une jeune femme dont la tournure est assez distinguée et l'air profondément attristé. Sa toilette est des plus modestes. Devant la cour, elle chancelle et fait sa déposition sans oser porter ses regards sur l'accusé.

M. le président. Est-ce que vous êtes séparée judiciairement de votre mari?

Le témoin. Oui, monsieur, c'est moi qui l'ai demandé.

D. C'est devant le tribunal de Dijon? —

R. C'est à Dijon, mais non pas devant le tribunal.

D. Mais, alors, devant qui? — R. Devant un monsieur qui nous a fait signer un papier, et nous nous sommes crus séparés. Je pense que c'était le juge de paix.

D. Mais un juge de paix ne peut pas prononcer une séparation de corps. Cet inconnu avait-il un costume particulier? — R. Non, monsieur, c'était un monsieur. (On rit.)

M. le président. Nous ne voyons dans les pièces de l'instruction aucune trace de cet acte, quel qu'il soit, que l'accusé aurait signé conjointement avec sa femme.

Me Madier de Montjau. Nous avons partagé l'étonnement de M. le président, car, enfin, cette pièce, n'importe sa nature, pouvait être précieuse pour la défense.

M. le président. Si la défense estime que des recherches soient nécessaires pour arriver à la découverte de cette pièce, la Cour pourrait renvoyer l'affaire à une autre session.

M. l'avocat-général déclare qu'il ne voit pas la nécessité d'un renvoi, et le défenseur se joint au ministère public pour qu'il soit passé outre aux débats.

La Cour rend un arrêt dans ce sens.

Le témoin termine sa déposition avec une émotion extrême. Il déclare que c'est d'après ses révélations que la fille Pierre-Paul apprit qu'elle avait été trompée par celui qu'elle croyait son mari; de là les poursuites qui furent dirigées contre l'accusé.

A peine la femme Mayer est elle revenue à

son banc, qu'elle se trouve mal et tombe évanouie.

On introduit ensuite la fille Adélaïde Pierre-
Paul. Un mouvement d'intérêt se manifeste à
son entrée; elle dépose ainsi, d'une voix émue
et triste : Quand je consentis à me marier avec
Mayer, j'étais loin de me douter qu'il eût déjà
une femme. Quand je sus ce malheur, je fus
la première à lui conseiller de fuir, et je partis
avec lui pour la Suisse.

M. le président. N'emmeniez-vous pas avec
vous l'enfant qu'il avait eu de sa première
femme? — R. Oui, mais à Langres, il le confia
à l'un de ses parents.

D. N'emmenait-il pas aussi la fille Malte,
qu'il vous avait forcée de recevoir dans votre
intérieur, et qui était alors enceinte? — R. Oui,
monsieur.

D. Une fois en Suisse, qu'avez-vous fait? —
R. Nous étions dans le canton de Neufchâtel.
Au bout de quelque temps, Malte nous quitta,
et quinze jours après, mon mari fut la rejoindre à Besançon, me laissant, moi, dans la misère.

D. Lui aviez-vous apporté une dot en mariage? — R. Non, monsieur, mais j'avais hé-
rité de 6,000 fr., qui ont été dissipés.

Après sa déposition, la fille Pierre-Paul va
s'asseoir au fond de l'auditoire à côté de Françoise Convert, et tout le monde voit avec le
plus vif intérêt ces deux femmes, au lieu de se
haïr, s'entretenir en pleurant de leurs douleurs
communes.

On entend ensuite le père du précédent témoin et quelques autres témoins, qui confirment les charges de l'accusation, mais dont la déposition n'offre aucun intérêt.

M. l'avocat-général DE THORIGNY soutient l'accusation, en insistant avec énergie sur le côté odieux et anti-social du crime imputé à l'accusé.

Me MALIER DE MONTJAU présente ensuite la défense de l'accusé. Après s'être attaché d'abord à justifier son client des reproches adressés à sa moralité à l'époque de son premier et de son second mariage, il s'efforce ensuite de démontrer qu'aucun intérêt n'a pu le déterminer à commettre sciemment le crime qui lui est imputé. Instruit de la pauvreté d'Adélaïde Pierre-Paul, il ne pouvait convoiter une fortune qu'il ne savait pas exister. Amant heureux de cette jeune fille avant de l'épouser, il ne cherchait pas dans le mariage un moyen de satisfaire une passion déréglée. Sa seule pensée, sa seule intention fut de réparer par une union qu'il croyait permise le tort fait par lui à sa réputation.

Mais cette intention, morale en soi, ne saurait le justifier s'il avait volontairement violé la loi. La question est donc de savoir s'il a pu de bonne foi se croire dégagé des liens d'un premier mariage et autorisé à en contracter un second.

Examinant cette question, le défenseur soutient que si l'ignorance de la loi n'est pas supposée, elle peut être au moins admise dans certains cas et pour certaines lois.

De ce nombre est la disposition pénale qui

interdit un second mariage tant que le premier
n'est pas dissous par la mort. La législation sur
le divorce, longtemps en vigueur, la proposition faite en 1830 de la rétablir dans nos Co-
des, ont pu faire penser à certains esprits fai-
bles et ignorants qu'une séparation judiciaire
autorisait une nouvelle union. Cette séparation,
l'accusé l'a crue définitivement prononcée
par l'acte dont il a été parlé dans les débats;
sa bonne foi est donc constante.

Enfin, Mᵉ Madier de Montjau, pour prouver
que son client n'est pas tombé si bas que le prétend l'accusation, termine sa plaidoirie par la
lecture de la lettre suivante, adressée à l'accusé par sa seconde femme, pendant le cours
de l'instruction :

» Mon pauvre ami,

» J'ai obtenu une permission.... Je t'aimais
» tant, et toi aussi, je pense, car ce n'est que
» par amitié que tu as commis cette faute, que
» les lois puniss si severement.... Comme
» nous etions heureux! Je n'ose penser à ce
» temps là ; j'éprouve trop de regrets! Oui,
» nous n'aurions jamais du nous quitter... Au
» moins, si nous avions quelquefois des que-
» relle, comme dans tous les menage, il ni
» avait pas dinconduite. Après cela, moi
» même je ne suis pas toujours très bonne. Il
» me manquait de l'expérience, ayant été ha-
» bitué chez mes parents à faire à peut près
» mes volonté. Je ne pensais pas qu'en pre-
» nant un mari, je prenais un maitre. Nos dis-
» putes, cependant, n'étaient pas *conséquente* ;

» si tu te le rappelle, souvent nous ne savions
» pas même pourquoi...

 » Je pense que tes juge auront égard a ton
» peut de connaissance des loi, car je sais, moi,
» que tu ny connais pas grand chose. Tu pen-
» sais etre suffisamment séparé de ta première
» femme par le jugement de Dijon, pour pou-
» voir contracter une autre union. Prend cou-
» rage ; ne te laisse pas aller au desespoir.
» Pense à tes enfans ; ils ne te mepriseront ja-
» mais, eux. Tous les jours, il prie Dieu pour
» toi, car cest pour leur mère que tu es si
» malheureux. Je vois bien maintenant ce qui
» ta porté a une si mauvaise action, selon le
» monde ; tu m'avais donné ta parole dhon-
» neur de mépouser, et moi jai eu la faiblesse
» de me laisser séduire. Tu as voulu reparer
» mon honneur, javais ta parole ; tu las repa-
» rée au prix du tiens, et la loix te puniras.
» Mais si tu meut laissé et abandonnée, tu
» n'aurais pas été punis. Que cette pensée me
» fait mal ! Si tu me leut dit avant de nous
» marié, je ne laurais pas souffert, comme tu
» le pense. Nous sommes nés tous les deux
» pour etre malheureux toute notre vie, car
» moi, quel est mintenant mon existence. Le
» pere de mes enfant, le seul au monde que
» jai aimée et que j'aime encore malgré moi,
» car cest dans ladversité que je sent combien
» je taime encore. Souffrons donc avec pa-
» tience ; plus tard, peut etre qu'un jours nous
» seronts plus heureux. Tes enfants tembrasse
» de tout leur cœur. Joseph a de suite reconnu
» ton portrait que tu mas envoyé ; il est par-

» faitement ressemblant. Si javais le moyen de
» faire faire celui de Joseph, ce serait le tien
» que je te rendrait, car il te ressemble beau-
» coup ; mais je suis trop pauvre.

» Adieu. Je vais te voir dans une couple
» d'heures.

» Patience et courage.

» A. PAUL, femme ROSEN. »

M. le président résume les débats, et les jurés, après une très courte délibération, rapportent un verdict de culpabilité, en admettant, toutefois, les circonstances atténnantes.

En conséquence, Joseph Rosenn-Mayer est
condamné à cinq ans de réclusion, mais sans
exposition.

Il se retire visiblement satisfait de ce résultat.

POLICE CORRECTIONNELLE.

AFFAIRE GAYANT ET BOUCHER.

Adultère.

Le mauvais plaisant qui le premier s'avisa de lancer contre la gent épicière ces quolibets qui, depuis longtemps, défraient les théâtres et les farceurs de société, le mal avisé qui mit cette classe intéressante du commerce au ban de l'esprit et de l'intelligence, ne se doutait sans doute guère que son étrange et injuste ostracisme pourrait un jour être pris au sérieux, et que la femme même d'un épicier dans son superbe dédain pour l'état de son mari, viendrait lui donner ce que l'on appelle communément *le coup de grâce*. Une affaire d'adultère soumise, il y a quelques jours, à l'appréciation de la police correctionnelle (6ᵉ Chambre) est cependant venue en apporter la preuve.

M. Gayant marchand épicier, épousa, il y a environ sept ans, une jeune personne assez bien élevée, raisonnablement jolie, et qui, malheureusement dans ses rêves de jeune fille avait pressenti un autre bonheur que celui de découper du fromage de Gruyère peser du sel ou du poivre, ou confectionner des cornets de mélasse ou de raisiné dans une boutique du quartier de la place Maubert. Madame Gayant souffrait impatiemment le séjour du comptoir ;

elle ne pouvait pas s'habituer à cette toilette modeste qui était celle de sa nouvelle condition ; elle portait des robes et des bonnets dont on jasait dans le quartier ; on la trouvait trop élégante, trop maniérée, trop hautaine ; et les domestiques femelles qui peuvent, à leur gré, amener la prospérité ou la ruine d'un détaillant, allaient faire leurs provisions chez un rival du sieur Gayant. De là déficit dans les recettes de l'épicier, de là mauvaise humeur du mari, de là scènes conjugales, de là séparation volontaire entre les époux.

M. Gayant voulait bien ne plus demeurer avec sa femme, qui était retournée vivre chez ses père et mère, mais il avait l'honneur de son nom à faire respecter, et il ne voulait pas qu'on pût se moquer de lui ou le montrer au doigt. Ayant donc appris par quelques-uns de ces amis charitables qui ne sont jamais plus heureux que quand ils vous annoncent une mauvaise nouvelle, que sa femme brouillée avec ses parents, chez qui elle avait cessé de demeurer, passait pour écouter les doux propos d'un sieur Boucher étudiant en droit, il se mit aux aguets et bientôt sûr de son fait, il fit constater le flagrant délit par un procès-verbal du commissaire de police, en bonne et due forme.

A l'audience, il s'est passé ce qui se passe dans toutes les affaires de ce genre : «J'ai beaucoup à me plaindre de ma femme, dit le mari, — j'ai horriblement à me plaindre de mon mari, dit la femme. — C'est une coquette qui ne s'occupait pas de son ménage. — C'est un brutal qui me rendait esclave. — Elle allait sans cesse au spectacle et me laissait tout le poids des affaires. Il sortait toute la journée et m'abandonnait le tracas du détail, — Elle me répondait insolemment — Il me battait, l'infâme !.. »

Du reste, aveu complet de la faute qu'elle fait retomber tout entière sur la conduite du mari. L'étudiant en droit imite la franchise de sa complice et en présence du procès-verbal, il était d'ailleurs impossible de faire autrement, seulement il prétend qu'au début de l'intrigue il ignorait la qualité de femme mariée de l'épicière ; elle portait, dit-il, son nom de demoiselle. »

M le Président à la prévenue. — Dans une lettre écrite depuis votre fuite du domicile conjugal et à l'occasion de reproche que vous adressait déjà votre mari, vous vous exprimiez ainsi : « Quand on aime ses enfants, on respecte leur mère ; quand on aime les branches, on respecte l'arbre. » Et pourtant à cette même époque, vous aviez déjà tout effacé du mariage, jusqu'au nom de votre mari, que vous ne portiez plus. Au reste, voilà où conduisent toutes ces séparations volontaires, et ce que nous ne concevons pas, c'est que les parents, au lieu de s'y opposer, semblent au contraire les encourager. Tout cela n'est pas honorable.....

M. Digard, avocat, présente quelques considérations en faveur du mari qui se porte partie civile contre le sieur Boucher et conclut en 1,000 fr. de dommages-intérêts.

M. L'avocat du Roi *Dupaty* conclut à la condamnation des deux prévenus.

Me *Auguste Rivière* plaide pour la dame Gayant et Me *Madier de Montjau* pour le sieur Boucher.

Le tribunal condamne la dame Gayant en trois mois de prison et le sieur Boucher en un mois de la même peine et en 100 fr. d'amende, dit, au surplus, qu'il n'y a lieu d'accorder les dommages-intérêts demandés.

Gravin contre Barbantane.

Les Mystères de Paris.

Certes, les *Mystères de Paris* ont obtenu un grand succès; ils ont eu cinq ou six éditions en France, et l'Angleterre et l'Allemagne en publient des traductions multipliées. Mais ce livre n'a nulle part mieux réussi, à ce qu'il paraît, que dans une petite ville des environs de Paris, que l'on appelle Coulommiers. M. Jules Gravin est habitant de ladite cité. Il a lu au moins vingt fois, pour sa part, l'ouvrage de M. Eugène Sue. Il en a plusieurs exemplaires dans sa bibliothèque, et il a fait fabriquer un chapeau-tromblon ou chapeau-Pipelet qu'il a mis sous verre dans son cabinet.

Ce n'est pas tout : M. Jules s'est tellement inspiré des pages de son livre favori, qu'un beau matin il lui a pris envie de suivre l'exemple du prince Rodolphe. Il a quitté Coulommiers, est arrivé à Paris revêtu du costume classique des Rodolphe, quand ils sont en course, et s'est mis à fréquenter la Cité. Ce qu'il en est advenu, vous allez le savoir, car M. Jules Gravin fait aujourd'hui acte de présence en police correctionnelle, non pas comme prévenu, il est vrai, mais comme partie plaignante. Il a fait citer le nommé Barbantane, ouvrier tanneur. Il lui reproche de s'être permis des voies de fait à son égard.

Barbantane est un gaillard de six pieds; il pose sur la barre une main d'une ampleur formidable, et, comme Atlas, il pourrait porter le monde sur ses larges épaules.

M. Jules n'est pas d'un aspect aussi redoutable : il est petit, grêle, et porte sous ses longs cheveux blonds une physionomie tout à fait romantique : enfin, il n'a pas du tout le physique de l'emploi, et nous le croyons tout à fait incapable d'appliquer de main de maître les fameux coups de poing festonnés de la fin.

Il n'a pas jugé à propos, et il a eu raison, de conserver devant le tribunal son costume de la Cité. Il est très élégamment vêtu : il porte des gants jaunes, un gilet irréprochable et un habit qui sort des ateliers de Zang ou de Staub.

M. le président invite M. Jules Gravin à développer les faits de la plainte.

M. Jules. Messieurs, j'ai vingt-cinq mille livres de rente; je suis garçon. Je puis me passer mes fantaisies.

Le prévenu. Qué qu' ça nous fait?

M. Jules. Chourineur, laissez-moi parler!...

Le prévenu, se levant. Chourineur!.. encore

son mot!.. Eh! dites donc, vous... chourineur...je ne connais pas ça ; mais, je vous l'ai
déjà dit, ça ne doit pas être du propre....

Les gardes municipaux ont toutes les peines
du monde à calmer Barbantane.

M. Jules. Bref, je vins à Paris pour faire quelques bonnes actions, et j'allai droit à la rue aux
Fèves.

Le prévenu. Oui, et même que vous êtes entré dans le cabaret de la mère Bataille avec vos
bottes vernies, votre blouse toute neuve et votre casquette de velours, dans le dernier genre,
et que ça nous a fait à tous un drôle d'effet....
C'était un vrai carnaval.

M. Jules. Je m'approche du comptoir.

Le prévenu. Et vous appelez madame Bataille
la mère Ponisse... un vilain nom... et vous lui
demandez combien on a arrêté d'assassins chez
elle depuis huit jours... Madame Bataille! la
plus brave femme du monde, qui ne reçoit
chez elle que de braves gens... Et vous croyez
donc que ça a dû la mettre de bonne humeur?

M. Jules. Une jeune fille était assise à une
table...

Le prévenu. Marie, la fille de Mme Bataille,
une bonne et honnête jeunesse, qui va épouser
dans huit jours mon neveu Clément.

M. Jules. Je prends place à côté d'elle....

Le prévenu. Et vous l'appelez *gouailleuse*...
en voilà encore du nanan !

M. Jules, frappant du pied. Ce malheureux
ne comprend rien... il ne comprend rien !

Le prévenu. Et vous lui dites que vous voulez la r'habiller...

M. Jules. La réhabiliter, malheureux! la réhabiliter!... c'est bien différent!

Le prévenu. Enfin, tout ça, ce n'était pas caressant. Pour combler la chose, monsieur s'approche de moi et me dit, en me saluant de la vilaine enseigne de tout à l'heure...

M. Jules. Chourineur...

Le prévenu. C'est ça... Chourineur. Il me dit donc : « Brave homme, tu as dû commettre bien des crimes! » Je m'ébouriffe, et il continue : « Raconte-moi tes scélératesses, sans en passer une seule, et je te r'habillerai. »

M. Jules. Réhabiliterai, malheureux! réhabiliterai.

Le prévenu. Et puis : « Tu as dû abattre bien des hommes et des sergents dans ta vie... *Jaspine-moi* tout ça, et je t'achèterai peut-être une boutique de boucher à l'Ile-d'Adam ou une ferme en Algérie. » Ma foi! la moutarde me travaillait le nez depuis longtemps.... J'avoue que j'ai un peu bousculé monsieur.

M. Jules. Vous appelez cela bousculé... une grêle de coups de pied perlés et de coups de poing magnifiques... Oh! il y en avait un surtout... un qui m'est arrivé sous l'œil gauche... quel coup de poing! Vous me l'apprendrez, hein, monsieur?

Le prévenu. Ah ça! il a perdu la boule, ce cadet-là.

Barbantane n'est condamné qu'à 5 fr. d'amende.

M. Jules. Je paierai votre amende, monsieur... et les frais aussi ; mais vous m'apprendrez le coup de poing de l'œil gauche.

Barbantane. Voulez-vous bien me laisser tranquille?

Affaire Défontaine.

Cadet-Roussel et Abd-el-Kader.

Il y a une haine personnelle entre le jeune Louis Roussel, dit Cadet-Roussel, et Abd-el-Kader, le boule-dogue de M. Défontaine, marchand de vin à Clichy-la-Garenne.

Il paraît que Cadet-Roussel donna un coup de pied au chien un jour que, par extraordinaire, il était attaché, muselé, et, par conséquent, sans défense. le chien oublia d'autant moins cette injure qu'il n'est pas d'un naturel très accommodant, et que sa méchanceté l'a rendu fort redoutable à une lieue à la ronde. Cadet-Roussel s'était rendu ce jour là l'agent des inimitiés générales : il devait bientôt s'en repentir.

Le maître d'Abd-el-Kader, qui connaît les instincts passablement farouches de son chien, avait le tort de le laisser trop souvent en liberté, et de lui donner la permission de vaguer comme un King'sCharles rentier, comme le roquet le plus inoffensif du monde, par les rues et carrefours de Clichy.

Depuis le jour où Abd-el-Kader, enchaîné, s'était vu exposé aux outrages de Cadet-Roussel, il ne pouvait le rencontrer sur sa route

sans éprouver un désir très vif de se jeter sur
lui, désir qu'en vrai sultan il satisfaisait du
reste sur-le-champ. Aussi Cadet-Roussel,
quand il le voyait venir d'un côté, se mettait à
fuir de l'autre. Mais il faut avoir de bonnes
jambes pour échapper à Abd-el-Kader. Cadet-
Roussel fut plusieurs fois victime de la supé-
riorité de la course de son ennemi sur la sienne.
Un jour il laissa à la bataille un morceau de
sa blouse, l'autre jour sa casquette neuve,
une autre fois le fond de sa culotte.

Jusque là il n'y avait pas grand mal ; tant
que sa peau n'était pas entamée, Cadet-Roussel ne se plaignait pas : il subissait patiem-
ment les représailles d'Ad-el-Kader.

Mais l'avenir lui réservait des soucis cui-
sants.

La semaine dernière, revenant de l'école,
il cheminait gaîment, alléché par l'odeur de la
soupe qui l'attendait à la maison, lorsqu'il voit
tout à coup se dresser devant lui l'ombre co-
lossale et menaçante d'Abd-el-Kader. Le mau-
dit chien, qui est aussi rusé que méchant,
s'était placé derrière un mur et attendait là le
passage de l'enfant.

Il n'en fit qu'une bouchée. Il le mordit au
bras, au ventre, et mit en morceaux sa cein-
ture de cuir. Si on n'était pas venu le tirer de
ses pattes, peut-être lui aurait-il fait un très
mauvais parti.

Cadet-Roussel fut obligé de garder la chambre pendant plusieurs jours ; et ce qui l'af-
fligea le plus, c'est qu'il fut mis à la diète.

M. Défontaine propriétaire du chien, com-

paraissait aujourd'hui en police correctionnelle (7ᵉ Chambre). Heureusement il n'avait
pas son chien avec lui ; sans cela Cadet-Roussel ne serait probablement pas venu déposer.

— Le chien vous en voulait donc ? dit M. le
président Pinondel à l'enfant ; vous lui aviez
donc fait du mal ?

Cadet Roussel. Moi ! jamais... il était d'un
mauvais caractère ; voilà tout.

Cadet Roussel ôte sa veste, et montre au tribunal son bras, qui porte la trace de mor-
sures très profondes.

M. Mignonet, boulanger. Je ne sais pas trop
pourquoi l'on m'a cité... C'est égal, j'en ai long
à dire.

M le président. Le chien du prévenu n'est-
il pas fort redouté dans la commune ?

Le témoin. Dam ! il faut avouer qu'il n'est
pas des plus sociables... Et comme M. Défontaine, qui a été quelque chose dans l'administration du pays, et qui est avec les adjoints
comme les dix doigts de la main, *s'ostinait* à
ne pas se débarrasser de son Kader, v'là qu'on
s'est mis dans la tête d'empoisonner tous les
chiens du pays pour faire filer cette vilaine
bête, mais Kader, qui est cousu de malice, n'a
pas été assez *gniole* pour avaler la chose...

C'est mon chien de Terre-Neuve, un imbé-
cile fini, qui a soufflé au moins deux pilules
pour son compte. et qui a descendu la garde...
Il n'a pas été seul... Il y a eu cinquante-cinq
chiens de la commune qui ont sauté le pas
dans le même jour... Un vrai massacre des innocents !... Une bataille d'Austerlitz !...

M. le président. Prévenu , puisque votre chien était si dangereux, pourquoi vous entêtiez-vous à ne pas le faire abattre?

Le prévenu. Je ne l'ai plus.

— Il est abattu?

— Non... Je l'ai donné à l'un de mes amis de Montmorency.

Mignonet. Un joli cadeau que vous lui avez fait là...

Défontaine. Vous d'abord, Mignonet, vous n'avez jamais pu cadrer avec mon chien...

Mignonet. Avec çà que c'était un charmant sujet, votre chien : parlons-en.

Il a mordu le fils Rabat, la petite Triqueris, la vieille Balotte... et tant d'autres... Il a mordu jusqu'à un curé... oui, notre curé... même que vous lui aviez promis, à ce brave M. Duchâtelier, de tuer votre chien, et que vous n'y avez pas seulement songé.

M. Défontaine est condamné à 50 fr. d'amende et 80 fr. de dommages et intérêts envers Cadet Roussel.

Cadet Roussel est bon enfant. Nous l'engageons à aller faire sa paix avec Abd-el-Kader. Car enfin, il peut aller un de ces dimanches faire une promenade à Montmorency, et cette affaire aurait encore pour lui des suites désagréables. Son ennemi a prouvé que ses rancunes duraient longtemps, et le résultat du procès le fera sans doute grincer des dents.

TRIBUNAL CIVIL DE LA SEINE.

4e CHAMBRE.

PRESIDENCE DE M. THOMASSY.

Audience du 22 février 1844.

AFFAIRE BERNET.

Demande en séparation de corps.

Au mois de septembre 1842, M. Bernet, négociant, demeurant à Paris, épousa Mlle Elisa Pingard qui vivait dans une ville de province. Cette union fut célébrée sous les plus heureux auspices. Les époux étaient jeunes, bien élevés, d'une fortune suffisante, et de plus ils semblaient s'aimer tendrement. Après la célébration du mariage, le mari s'empressa de faire à sa jeune femme les honneurs de la grande ville qu'elle venait habiter ; il la conduisit aux théâtres et dans tous les lieux qui pouvaient avoir de l'attrait pour elle. Madame Bernet, de son côté, répondait à toutes les complaisances de son mari par les témoignages de la plus vive affection. Un an s'écoula ainsi dans la plus douce harmonie, M. Bernet se croyait au comble du bonheur, lorsque tout à coup une triste découverte vint dissiper les douces illusions dont il se berçait.

Un jour, les deux époux étaient allés passer la soirée au théâtre de la Gaîté. A la fin du spectacle, M. Bernet venait de donner à sa femme son chapeau qu'elle avait ôté et plaçait sur ses épaules le châle que l'ouvreuse venait de lui remettre. Mais quelle fut sa surprise, lorsqu'il aperçut sous le châle un papier qui s'y trouvait fixé à l'aide d'une épingle. A cette vue, profondément ému, M. Bernet sut toutefois se contenir et cacher ce qu'il éprouvait, et se contentant de détacher le papier sans que sa femme s'en aperçût, il le prit et le mit dans sa poche, puis, sans rien dire de la découverte qu'il venait de faire, il rentra chez lui, et dès qu'il fut seul, il ouvrit et lut la lettre suivante :

« Chère amie ,

» Tu es vraiment trop bonne; je n'osais pas espérer ce que tu as fait, et pourtant quelque chose me disait que tu viendrais. Aussi n'étais-je pas tranquille pendant le déjeuner; mes yeux étaient toujours portés sur le boulevart, et aussitôt que je t'ai apperçue, j'ai laissé mon convive, et j'ai couru vers toi. Demain, je dois voir la personne au sujet de l'appartement, et si tout va au gré de mes désirs, mardi ou mercredi, je pourrai te recevoir autre part que chez moi, t'exprimer toute ma joie et me faire pardonner la peine que j'ai pu te faire.

» Pendant ton voyage, il y aura peut-être quelques changements, et je verrai à organiser un moyen de nous voir ensemble lors de ton retour. »

» Je t'écrirai demain si je peux avoir une réponse de la personne en question pour te donner un rendez-vous. Mon frère entre chez moi à l'instant; il m'empêche de continuer mon entretien avec toi, douce amie, mais je suis consolé en pensant que je vais te voir ce soir.

» Ton tout dévoué pour la vie,

» EDOUARD. »

A cette lecture, M. Bernet ne pouvait douter de son malheur. Toutefois, pour mieux s'en convaincre, il résolut de garder le silence et de surveiller toutes les démarches de sa femme. La preuve qu'il recherchait ne se fit pas longtemps attendre. En effet, quelques jours après, Mme Bernet sortit de chez elle; son mari la suivit de loin sans être aperçu, et bientôt sur le boulevart Bourdon, il la vit prendre le bras d'un jeune homme qui paraissait l'attendre. Aussitôt M. Bernet, furieux, s'élança vers eux, souffleta le jeune homme en lui disant : « A demain ! » Puis, arrachant sa femme de son bras, il la fit monter dans une voiture et la ramena chez lui. Arrivé là, le mari intima à sa femme l'ordre de quitter à l'instant même le domicile conjugal où elle n'était plus digne de rester et de se retirer chez sa mère. Celle-ci obéit sans murmurer à la volonté de son mari.

Le lendemain de cette séparation, M. Bernet reçut la lettre que nous transcrivons :

« Monsieur,

» Je vous ai vainement attendu toute la journée d'aujourd'hui samedi. M'ayant vous-même prévenu hier de votre visite pour le lendemain, j'ai été étonné de ne pas vous voir, car vous devez avoir besoin d'explications, explications, du reste, que je vais vous donner brièvement.

» Il est vrai, Monsieur, que tout doit vous porter à mal juger ; mais il est de mon devoir de vous faire revenir de cette erreur au sujet de votre femme. Si vous m'avez rencontré hier avec elle, c'est la conséquence de la lettre que vous possédez ; la crainte de cette lettre entre vos mains a suscité à madame ce rendez-vous bien inoffensif, pour me demander quelle était la nouvelle imprudence que j'avais pu commettre, car elle m'avait déjà reproché de la tutoyer. »

» Il n'y a dans toute la conduite de votre femme que légèreté et rien autre qui puisse toucher à votre honneur. Le plus fautif, à vos yeux, bien entendu, c'est moi ; mais, d'un autre côté, vous l'avez été beaucoup à mon égard, attendu qu'il faut dans tout de la modération et avoir des preuves, (je vous dis cela comme principe et pour votre gouverne), car ma lettre n'implique pas la culpabilité, ou du moins, ce ne serait que moi qui aurait à supporter les conséquences de ma trop grande présomption, en voulant par la crainte abuser de ce que vous avez de plus cher.

» Je crois donc ne devoir attribuer votre manière d'agir qu'à l'emportement où vous pouviez être ; cette circonstance, réunie avec la position où je me suis mis au vis à vis de vous, me déterminent à me borner à vous dire que si cette lettre ne vous suffisait pas, je suis toujours, comme je vous l'ai déjà dit, à votre entière disposition.

» Je vous salue,

» ÉDOUARD. »

A la lecture de cette lettre maladroite et embarrassée, M. Bernet demeura plus que convaincu de la culpabilité de sa femme et résolut alors de se séparer d'elle pour jamais. Mais celle-ci, ignorant ses dispositions, maudissant sa faute, et confiante dans l'inépuisable indulgence des maris, fit auprès du sien une tentative de réconciliation, et lui écrivit en ces termes :

« Mon cher ami,

» C'est la plus coupable et la plus infâme des femmes qui t'écrit ; je sais à présent combien j'ai dû te faire souffrir, toi et les tiens. J'ai bien réfléchi à la position affreuse que je me suis faite, et n'ose pas croire que tu seras assez généreux pour me pardonner. Cependant, si cela était, si Dieu avait mis sur la terre un ange pour sauver une femme qui n'avait pas sa tête, oh ! alors, je te bénirais et passerais ma vie à réparer tout le mal que j'ai fait. Je suis jeune, j'ai du courage, car il en faut autant pour faire le mal comme pour faire le bien. Crois que c'est du plus profond de mon cœur que je t'écris, et que je préférerais n'importe quelle position à celle de rentrer dans une famille pour y commettre un nouveau crime. Je te jure d'avance que je me soumet-

trai à tout ce que je dois faire dans la maison ;
ce sera le meilleur moyen de prouver que je
tiens à toi et à tes parents.

» Si j'avais eu plus de confiance en ma mère,
je lui aurais confié mes petits chagrins ; mais
non, j'ai choisi des personnes étrangères qui
m'ont perdue. Je n'ai plus d'espoir qu'en toi,
mon cher ami ; sauve-moi, et je te jure que
tu ne t'en repentiras jamais. Garde cette lettre comme la preuve de mes bonnes résolu-
tions ; prie ta mère de me pardonner tous mes
torts, et dis lui que si vous voulez, je redevien-
drai une fille soumise.

» Elisa PINGARD. »

M. Bernet se montra inflexible ; profondément blessé par la faute de sa femme, il fut
insensible à son repentir, et répondit à la lettre
qu'elle lui avait écrite, à la tentative de réconciliation qu'elle avait faite par une demande
en séparation de corps.

Me CAPIN, avocat de M. Bernet, après avoir
exposé les faits que nous venons de raconter, a
soutenu que les lettres ci-dessus citées contenaient la preuve complète de l'adultère de la
dame Bernet.

Me CHÉRON, avocat de cette dame, a prétendu, au contraire, que la correspondance
est loin d'établir que sa cliente ait manqué
aussi essentiellement à la foi conjugale, et que
tout au plus on peut y trouver des indices
d'une légèreté coupable, il est vrai, mais non
suffisante pour motiver une séparation de
corps.

M. l'avocat du roi CAMUSAT DE BUSSEROLLES n'a pas partagé cette opinion ; il a conclu à l'admission de la demande du mari, et a requis contre la femme l'application de l'art. 308 du Code civil, qui prononce la peine de trois mois à deux ans d'emprisonnement contre la femme adultère.

Le tribunal, considérant que si les faits articulés par le sieur Bernet et la correspondance par lui produite n'établissent pas suffisamment que la femme se soit rendue coupable du délit d'adultère, il en résulte néanmoins qu'elle a entretenu des relations outrageantes constituant une faute grave envers son mari, a prononcé la séparation de corps contre la femme Bernet, et l'a condamnée en outre aux dépens.

ÉTATS-ROMAINS.

Un commissaire de police chef de voleurs.

Révocation du président de la Cour de cassation.

Voici un fait fort déplorable en lui-même, sans doute, mais qui mérite attention, parce qu'il sert à caractériser tout un système administratif et judiciaire. Conti, commissaire de police de Césène, vient de traverser, sur la fatale charrette, en se rendant au bagne d'Ancôe, les diverses villes de la Romagne où il avait été précédemment employé. La population s'était portée en foule sur son passage, car si le spectacle d'une escouade de carabiniers accompagnant des condamnés est trop fréquent pour attirer l'attention, la vue d'un commissaire, les menottes aux mains, était bien propre à exciter la curiosité dans un pays où les fonctionnaires publics jouissent d'une sorte d'impunité légale au milieu des abus les plus criants. Il fallait que le commissaire Conti eût fait quelque chose d'énorme, d'inouï, pour que le gouvernement se fût décidé à le frapper publiquement, à flétrir en sa personne un agent de l'administration. La population se contenta d'assister en silence au passage du prisonnier.

Césène, ville de 20,000 âmes, est le lieu le plus mal famé de la Romagne, bien que le Sage (Savio) baigne ses murs et inonde souvent son territoire. Les beaux esprits de Rimini ou de Forli ont composé sur leurs voisins une satire qu'il ne nous est pas permis de citer, par respect pour les nymphes du Sage.

Depuis un an que Conti était commissaire de police à Césène, le nombre des malfaiteurs, et surtout des voleurs, augmentait prodigieusement. Chaque jour ajoutait de nouveaux délits, et partant de nouvelles plaintes aux délits et aux plaintes de la veille. Des ordres multipliés arrivaient du chef-lieu. Le commissaire était toujours sur pied ; les sbires semblaient redoubler d'activité, et cependant les prisons étaient vides ; les délinquants semblaient impalpables. Le légat rappelait bien de temps en temps à Conti l'accomplissement de ses devoirs en style sévère; mais comme, au fond, le gouvernement trouvait son compte à un état de choses qui le dispensait de nourrir de nombreux détenus, le commissaire n'avait pas de peine à se justifier.

Cependant, un vol d'une audace extraordinaire ayant été commis au préjudice d'un négociant de cette ville, celui-ci alla faire sa déclaration au commissaire de police, en lui disant qu'il avait tout lieu de croire que ses pièces de soie et de drap se trouveraient dans un hameau voisin, où il était de notoriété publique que les voleurs avaient un dépôt général. Le commissaire se transporta au lieu indiqué, en compagnie de deux de ses agents. Il visita plusieurs maisons de chétive apparence, puis se dirigea vers la villa des époux Costelli. M. Costelli avait été compromis lors de la révolution de 1831, et rapprochant cette circonstance de cette autre, que des mouvements insurrectionnels s'étaient récemment manifestés, il pensa que c'était une perquisition ayant rapport à la politique qu'on venait faire chez lui.

Sûr de son innocence, il ne fit aucune opposition et se laissa enfermer dans une chambre avec toutes les personnes qui se trouvaient dans la maison. Le commissaire voulait faire ses perquisitions sans être dérangé. Plusieurs heures s'étaient écoulées, et M. Costelli n'entendant plus aucun bruit dans la villa, força la porte, qui avait été fermée sur lui, et parcourut sa maison. Le commissaire était parti.

Mais quelle ne fut pas la stupeur du malheureux visité, en reconnaissant que les meubles avaient été forcés, et qu'on avait enlevé tout ce qu'ils contenaient de précieux ! Il monta à cheval et se rendit en toute hâte à Césène. Le commissaire n'était pas encore de retour; Il l'attendit.

Ce ne fut que le lendemain que le magistrat donna audience ; il accueillit le plaignant en le félicitant de ce qu'aucun indice n'avait été trouvé à sa charge. « Mais je suis volé! s'écria celui-ci. Pendant que j'étais enfermé, ma maison a été mise au pillage. » Le commissaire accueillit cette révélation avec beaucoup de dignité, conseilla à M. Costelli de se défaire d'une habitation située dans le canton le plus exposé aux attaques des voleurs, et promit de faire toutes les recherches possibles.

L'impunité finit toujours par conduire à l'imprudence les malfaiteurs les plus expérimentés. On sait que dans les villes d'Italie on fait une grande consommation de charcuterie. Or, depuis quelque temps, le plus fort charcutier de la ville n'enveloppait plus la marchandise qu'il vendait que dans du papier provenant du bureau de police, et contenant des dénonciations et autres actes de procédure. On sut bientôt que le commissaire Conti avait fait argent des archives de son bureau. Les procès-verbaux, les rapports ne faisaient que traverser le bureau du commissaire et s'en allaient tomber dans le panier du charcutier.

On a peine à concevoir une pareille folie. Le cardinal-légat, informé du fait, ordonna l'arrestation du commissaire. Ce n'était plus là une de ces malversations sur lesquelles le gouvernement pût fermer les yeux. Une enquête eut lieu. Il résulta de témoignages irrécusables que non seulement Conti avait vendu les archives de la police, mais qu'il était associé aux bandes de voleurs qui infestaient la ville et les environs, et que plusieurs fois des visites domiciliaires, au nom de la loi, n'avaient été pour lui que des occasions de vols audacieux. Jugé sommairement, il fut extrait des prisons de Césène pour être conduit à Forli, où sa condamnation lui fut signifiée, et d'où il a été immédiatement dirigé sur le bagne d'Ancône.

Une autre destitution, au sommet de l'échelle judiciaire, a mis en émoi toute la cour pontificale. Il a fallu passer sur les vieux règlements, qui ne permettent pas de révoquer certains hauts fonctionnaires, sans qu'ils soient promus au cardinalat.

Le *decano* du Tribunal *de signatura* (président de la Cour de cassation), convaincu, entre autres, d'avoir rendu un jugement exécutoire de son chef privé, sans procédure ni débats, a été destitué et mis à la retraite avec une pension de 270 fr. par mois, pour sauver de la misère la dignité de prélat dont ce personnage est revêtu.

TABLE.

DES MATIÈRES.

PARIS. — Imprimerie de Lacour et Compagnie, Rue Saint-Hyacinthe-Saint-Michel, 33.

CAUSES CÉLÈBRES.

COUR D'ASSISES DU DOUBS.

Audiences des 2, 3 et 4 mai 1844.

AFFAIRE COULOT.

Accusation de parricide.

Cette affaire est une des plus graves et des plus importantes qui se soient depuis longtemps présentées devant la cour d'assises du Doubs. En effet les circonstances mysté-rieuses qui entourent la mort de la victime, la marche d'abord incertaine de la justice, la longueur de l'instruction, la position de l'ac-cusé, qui appartient à une famille honorable, dont le frère est médecin, tout, dans cette cause se réunit pour exciter au plus haut de-gré l'attention publique. Aussi une foule nom-breuse et compacte se presse-t-elle au fond de l'auditoire. Quant aux places réservées elles sont toutes occupées par des avocats en robe ou des personnes de distinction, on y remarque même bon nombre de jeunes et jolies dames qui n'ont pas hésité à venir chercher les pénibles émotions que promet le débat.

A huit heures et demie l'accusé est introduit, il porte une veste et un pantalon noir ; sa physionomie est calme, il penche la tête pour éviter autant que possible les regards curieux et empressés de la foule.

Quelques instants après l'introduction de l'accusé, la cour entre en séance présidée par M. le conseiller Béchet. M. l'avocat-général Blanc occupe le siége du ministère public.

Me Clerc de Landresse l'un des avocats les plus distingués du barreau de Besançon est chargé de la défense de l'accusé.

Sur les réquisitions de M. l'avocat-général, la cour ordonne, attendu la longueur présumée des débats, l'adjonction d'un juré supplémentaire.

M. le président procède ensuite à l'interrogatoire de l'accusé qui déclare se nommer Aimé-Prosper Coulot, être propriétaire à la Bosse, âgé de quarante-deux ans.

Le greffier donne lecture de l'acte d'accusation d'où résultent les faits suivants :

Mercredi 21 juin dernier, vers cinq heures du soir, Bazile Coulot, âgé d'environ soixante-dix ans, cultivateur au village de la Bosse, étant entré chez les frères Vermot, aubergiste au Bisot, témoigna le désir de boire avec eux ; pendant qu'ils étaient à table, Coulot leur dit qu'il n'était pas heureux dans sa famille ; qu'on lui faisait des reproches continuels parce qu'il avait prêté une somme de 20 francs à un individu et qu'il voulait vendre ses chevaux et ses voitures pour pouvoir vivre plus tranquille. Lorsqu'il fut disposé à quitter l'auberge des Vermot, environ à dix heures, un d'eux lui offrit de l'accompagner, ce qu'il accepta ; parvenus à peu près à moitié chemin entre le Bisot et la Bosse, Coulot s'arrêta tout à coup et dit à son compagnon qu'il se sentait tellement malheureux qu'il était tenté de se détruire. Arrivé à la Bosse ils entrèrent à la maison commune qui était éclairée et dans laquelle, sur l'ordre du maire, on gardait un individu en état d'arrestation pour vagabondage. Parmi les individus réunis à la maison commune se trouvait l'accusé, qui jeta alors sur son père un regard tellement sinistre qu'il fut remarqué par le sieur Vermot. Ce dernier crut dès-lors ne pas devoir quitter le père Coulot avant de l'avoir conduit à son domicile, où il fut également accompagné par son fils Prosper.

Après que le sieur Vermot se fut éloigné, une lutte violente s'engagea entre Bazile Coulot et son fils, qui, *d'après son aveu, était seul alors debout dans la maison*, et qui très probablement porta en ce moment à son père les coups, et fit les blessures graves remarquées sur son cadavre. C'est pendant cette scène qu'on entendit ce malheureux vieillard prononcer ces mots adressés à son fils Prosper : « Tu ne périras jamais que dans les prisons. » Quelque temps après, vers trois ou quatre heures de la nuit, Prosper Coulot appela les personnes qui étaient encore dans la maison commune et leur dit qu'il croyait que son père venait de se précipiter dans la citerne placée à 30 mètres de la maison et à une égale distance de la maison commune.

On se rendit près de cette citerne, et Prosper Coulot n'ayant pu, avec ses mains, atteindre le corps de son père, alla chercher une perche à l'aide de laquelle il parvint à retirer Bazile Coulot qui ne donnait plus aucun signe de vie. Il fut porté dans sa maison où il expira quelques instants après sans avoir pu proférer aucune parole.

Le 23 juin, deux médecins appelés pour procéder à l'autopsie du cadavre, constatèrent l'existence : 1° d'une plaie contuse de deux centimètres de circonférence à la partie moyenne et interne de la jambe droite ; 2° d'une légère contusion à la jambe gauche ; 3° de deux plaies situées à la partie inférieure et postérieure des bourses ; et enfin d'autres encore, plus ou moins graves, parmi lesquelles une plaie contuse de cinq centimètres de longueur à la partie supérieure de la tête sur la suture des pariétaux divisant le cuir chevelu, et un contusion avec ecchymose de six centimètres de circonférence placée à la région temporale droite. Les plaies du scrotum leur ont paru faites avec un instrument tranchant et pointu, celle de la partie supérieure de la tête avec un instrument contondant et tranchant, et les autres avec un instrument contondant ; ils ont pensé que ces blessures, malgré leur gravité, n'ont point occasioné la mort de Bazile Coulot, qui, suivant les hommes de l'art, doit être attribuée à l'asphyxie

par submersion. Plus tard, les mêmes médecins interrogés dans l'information, ont déclaré
que les blessures remarquées sur le scrotum
avaient été faites avec un instrument pointu
semblable à un instrument de cordonnier
dont plusieurs se trouvaient dans la chambre
où la lutte dont nous avons parlé précédemment avait eu lieu entre Bazile Coulot et son
fils. Il résulte de l'instruction que deux de ces
instruments nouvellement aiguisés, sur lesquels cependant on a aperçu de la rouille,
avaient été déplacés.

Interrogé sur les causes de la mort de Bazile
Coulot et des blessures constatées sur son cadavre, l'accusé a prétendu que son père s'était
suicidé en se précipitant dans la citerne d'où
il a été retiré plus tard. Il n'a pu expliquer
quand et comment auraient été faites les blessures graves remarquées sur sa personne, à
moins qu'elles ne fussent le résultat des coups
de pioche qui lui auraient été portés en cherchant à le retirer du réservoir. Il a soutenu
qu'il n'avait eu aucune querelle avec son père
avant qu'il se donnât la mort, et qu'au surplus,
l'émotion qu'il avait éprouvée alors ne lui
avait point permis de conserver un souvenir
exact de ce qui s'était passé. L'information a
fait reconnaître que les plaies remarquées sur
le cadavre de Bazile Coulot n'avaient pu être
faites avec la pioche dont on s'était servi pour
le retirer ; que cet instrument ne s'adaptait à
aucune des blessures, qui avaient existé avant
la mort de Coulot, et que la nature même de
ces plaies ne permet pas d'admettre la pensée

qu'il se serait frappé lui-même. La gravité de ces blessures démontre l'impossibilité où Bazile Coulot eût été de se transporter seul dans cet état, dans la citerne où son fils prétend qu'il s'est précipité.

Après la lecture de l'acte d'accusation M. l'avocat-général prend la parole, et se livre à un court et impartial examen des faits sur lesquels le jury devra se prononcer; il termine ainsi :

Messieurs les jurés, des lettres ont été écrites à la plupart d'entre vous pour solliciter votre bienveillance en faveur de l'accusé... Des démarches ont été tentées dans le même but... Nous ne vous ferons pas l'injure de croire que toutes ces sollicitations aient pu obtenir la moindre influence snr vos esprits; tous ces petits intérêts de famille doivent s'effacer et disparaître devant l'intérêt social.

M. le président procède à l'interrogatoire de l'accusé.

D. Le 21 juin dernier, votre père était allé d'abord à Bellaux pour acheter du foin; de là il s'est rendu à Bisot, pour revenir environ sur les dix heures du soir, à la maison commune de la Bosse. — R. Oui, et comme il était fatigué de sa double course, je l'ai reconduit chez nous avec Godot, le garde-chasse, et Vermot. Je l'ai laissé au poêle (dans nos campagnes les paysans appellent poêle la chambre près de la cuisine); et après avoir allumé sa chandelle, je suis remonté dans ma chambre. Quelques instants après j'ai entendu mon père qui faisait du bruit.

D. Dans ce moment votre père était-il seul?
—R. Je n'ai entendu personne avec lui.

D. Comment se fait-il alors que le cordonnier Dard ait déclaré que votre père n'était pas seul, que cet homme ait entendu le bruit d'une lutte? — R. Je n'ai rien entendu.

D. Cependant Dard et d'autres témoins en déposent.

L'accusé ne répond pas.

D. Avez-vous entendu votre père sortir de la maison? — R. Oui, Monsieur; de la chambre de ma mère où je m'étais rendu, j'ai entendu mon père ouvrir la porte de la cuisine. Je suis sorti quand ma mère me l'a eu dit pour voir où il allait.

D. Depuis le moment où vous êtes sorti par la porte de la cuisine et celui où vous avez entendu votre père tomber dans la citerne, s'est-il écoulé un intervalle de temps? — R. Non, Monsieur, aucun.

D. Nous vous ferons remarquer le peu de vraisemblance de cette version. Est-il présumable que dans le court espace de temps que vous avez dû mettre pour vous rendre de la chambre de votre mère à la porte de la cuisine, un vieillard de soixante-dix ans, fatigué et grièvement blessé, ait pu aller de votre maison à la citerne, qui en est éloignée de trente mètres, monter sur la margelle de la citerne, haute de soixante-dix centimètres, et y pénétrer par un orifice qui n'a que quarante-huit centimètres de largeur? Après la prétendue chute de votre malheureux père, qu'avez-vous fait? — R. Je suis allé près du réservoir, et voyant que je ne parviendrais pas seul à retirer mon père de l'eau, j'ai appelé du secours. Etevenard et Godot, le garde champêtre, sont accourus à mes cris. J'ai atteint le corps de mon père avec une pioche; nous l'avons fait sortir de l'eau, et reporté ensemble à la maison.

M. le président, à l'accusé: Oui, et vous avez prétendu que les blessures remarquées sur le cadavre pouvaient provenir de cette pioche. Vous entendrez tout à l'heure les hommes de l'art nous déclarer que ces blessures ont été faites avec un instrument aigu et tranchant. Vous niez donc la querelle entre vous et votre père? —R. Oui, Monsieur.

D. Vous prétendez par conséquent être tout à fait étranger à la mort de votre père?— R. Oui, Monsieur le président.

D. Le témoin Coste soutient avoir vu porter votre père de sa maison à la citerne?— R. Il ne dit pas la vérité.

On passe à l'audition des témoins.

M. Pesche Julien-Remi, juge-de-paix. Comme le témoin n'a été nommé à la justice de paix du canton de Russey qu'après l'événement, il ne sait rien sur le fond de l'affaire.

M. le président, au témoin : Le nommé Coste a joué un grand rôle dans cette affaire, regardez-vous Coste comme un faux témoin?

M. Pesche : J'ai pris des renseignements sur cet individu, il se livre habituellement à l'ivrognerie; mais ce n'est pas un malhonnête homme.

D. Avez-vous entendu dire que le maire de

la Bosse nourrissait des sentiments d'inimitié contre l'accusé et qu'il mettait de l'animosité dans cette affaire? — R. Non, Monsieur le président; je crois que le maire de la Bosse est ardent seulement dans l'intérêt de la justice.

Boissemin (Claude-François), maire de la Bosse :

Le 24 juin, entre huit et neuf heures du soir, je fis conduire à la maison commune un vagabond et appeler Prosper Coulot pour voir s'il le reconnaîtrait. Le père Coulot arriva vers les dix heures avec le nommé Vermot; il envoya chercher un litre de vin et s'endormit. On le réveilla, mais il ne voulait point partir; il avait même saisi la table, puis la porte, qu'on parvint cependant à lui faire lâcher; les sieurs Godot et Vermot l'ont reconduit à sa maison. Entre trois et quatre heures du matin, Etevenard et Godot vinrent me prévenir que le père Coulot s'était noyé dans son réservoir, et qu'ils avaient aidé Prosper Coulot à le transporter à sa maison. Je m'y rendis sur-le-champ. Je trouvai le cadavre sur un lit, et déjà froid; la veuve et les enfants étaient à la cuisine; je leur dis que le père Coulot ayant succombé à une mort violente, je ne voulais pas le faire enterrer avant que d'y être autorisé par M. le juge de paix. Ah! reprit la mère Coulot, nous avons déjà assez de malheur! Prosper Coulot ajouta qu'il était perdu si j'allais au juge de paix, parce que ce magistrat lui en voulait.

M. le juge de paix, prévenu par moi, se transporta sur les lieux avec son greffier et

deux gendarmes. Nous découvrîmes de nouveau le cadavre, et vîmes qu'il était blessé à
la tête et sur le corps. Sur l'invitation de M. le
juge de paix, nous le transportâmes à la maison commune, où le médecin Burgerey en fit
l'autopsie avec son confrère Henriet.

M. le président, au témoin : Etes vous bien
sûr que l'accusé vous a dit, quand vous avez
exprimé l'intention d'aller chercher le juge de
paix : « N'y va pas, où nous sommes perdus? »
— R. Je crois bien me le rappeler.

Mᵉ Clerc de Landresse : Le témoin n'a-t-il pas
des sujets d'inimitié contre la famille Coulot,
et en particulier contre l'accusé? — R. Je peux
avoir manqué de respect au malheur, et j'en
éprouve un regret sincère ; mais je n'ai pas de
sujet d'inimitié contre eux.

Mᵉ Clerc : La mémoire du témoin est infidèle ; vous avez rapporté au brigadier de gendarmerie que Philomène Coulot, père de
l'accusé, avait dit que jamais vous ne mour-
riez que de ses mains. Ne dit-on pas que l'accusé Prosper Coulot et M. Boissemin ont l'un
et l'autre des relations avec la même femme.

Le témoin : Quand même cela serait, on ne
le dirait pas. (On rit.)

Le défenseur : MM. les jurés apprécieront
cette réponse. M. le procureur du Roi de
Montbéliard ayant abandonné les poursuites,
on a envoyé une dénonciation contre ce fonc-
tionnaire à M. le garde des sceaux. Cette lettre
était signé du faux nom de Fraichot ; on y
disait de prendre des renseignements sur cette

affaire auprès du maire de la Bosse, qui était un fort honnête homme!

Le témoin : Je jure que je n'y ai participé en rien; mais j'ai écrit à M. le procureur-général que celui qui avait écrit cette lettre avait bien fait.

Le défenseur : Avant l'ouverture des assises, le témoin n'a-t-il pas dit au frère de l'accusé et au sieur Alexis Vermot, qui mesuraient un terrain près de la maison Coulot : « Sans doute vous mesurez s'il n'y a pas assez de place pour mettre la guillotine? — R. C'est vrai. (Mouvement.)

M. l'avocat-général, au témoin : Vous venez de dire que vous regrettiez d'avoir manqué de respect au malheur; vous avez raison, car cette parole était très inconvenante et extrêmement blâmable.

Tyrode (François-Valentin), brigadier de gendarmerie au Russey : J'accompagnai M. le juge de paix dans la maison Coulot, lorsqu'il y fit l'inspection du cadavre. Nous avons remarqué des traces de sang sur le plancher. On avait essayé de le laver; mais le sang était imprégné dans le plancher, et paraissait noir. La mère Coulot nous dit que ce sang provenait de sa fille; mais il n'y avait point de sang dans la chambre de cette dernière, et l'on en remarquait sur le plancher de trois autres chambres.

Le 15 août, je me transportai de nouveau sur les lieux pour y recueillir des renseignements; ce fut alors que le témoin Coste me dit avoir vu, dans la nuit du 21 au 22 juin, sortir de la maison Coulot deux hommes portant quelque chose qu'il avait pris pour un veau crevé. Coste ajouta : Je ne vous dis même pas tout ce qui est.

M. d'Epenoux, juré : Comment se fait-il que vous n'avez pas cherché à en savoir davantage ?

Le témoin : J'engageai Coste à me dire toute la vérité, il me répondit : En voilà bien assez pour faire leur affaire ; plus tard, s'il le faut, j'en dirai davantage.

Monnot (Delphine), journalière : J'ai appris la mort de Bazile Coulot à 5 heures et quart du matin, à cinq heures et demie j'ai rencontré Coste qui m'a dit qu'il le savait déjà, qu'il n'en avait que trop vu. J'ai rapporté ce propos aux fils Coulot ; pour l'amour de Dieu, reprirent-ils, n'en parlez pas, et ils rompirent brusquement la conversation.

L'audience, levée à une heure, est reprise à deux heures et demie.

L'affaire Coulot devait être jugée en janvier dernier ; Coste, assigné à la requête du ministère public, disparut au moment de l'ouverture des débats, et cette circonstance fut regardée comme assez importante pour motiver le renvoi de l'affaire à la session de mai. Pour prévenir une nouvelle fuite, un mandat d'arrêt a été lancé contre lui et il est détenu depuis trois jours dans la prison de Bellevaux.

L'huissier appelle ce témoin. (Mouvement général de curiosité). Il déclare se nommer Jean-Louis Coste, charpentier, demeurant au Bisot.

M. le président, au témoin : Vous avez déjà tergiversé dans vos dépositions, nous vous adjurons de dire ici toute la vérité, rien que la vérité ; si vous l'avez trahie dans vos dernières déclarations, rappelez-vous qu'il n'est jamais trop tard pour y revenir ; que dans cette supposition, vous pourriez encore maintenant, par la franchise de vos aveux, éviter les peines terribles dont la loi frappe les faux témoins.

Le témoin : Je dirai toute la vérité. Le 21 juin au soir, je me suis endormi sous un sapin ; quand je me suis réveillé, j'avais faim ; alors je me suis rendu à la Bosse. Comme j'avais aperçu de la lumière à la maison commune, j'allais y entrer pour allumer ma pipe, lorsque j'ai entendu du bruit dans la maison Coulot qui est tout près. Tout en me demandant quelle pouvait en être la cause, je me suis un peu écarté pour satisfaire un besoin. C'est alors que j'ai vu sortir de la maison Coulot deux hommes qui portaient comme un veau crevé. J'ai vu qu'on l'enfermait dans le réservoir ; les pieds en l'air m'ont fait reconnaître que c'était un homme. (Sensation.) Alors je m'éloignai rapidement, craignant qu'on ne me fît un mauvais parti. Vers une heure et quart du matin, je reviens à la Bosse et je rencontrai en chemin Delphine Monnot qui me demanda si je connaissais la mort du père Coulot. « Oui, lui répondis-je, et j'en sais bien davantage. »

Plus, tard, quand je fus mandé à Montbéliard, j'entrai à l'auberge de la Couronne-d'Or. Le médecin Coulot, frère de l'accusé, vint m'y trouver. Il me pria de ne pas mettre une famille entière dans l'embarras; de dire seulement que javais vu *repporter* le corps du reservoir à la maison Coulot. Alors je me dis en moi-même : c'est une grosse parenté, et puis tu es un pauvre homme qui as besoin de tes dix doigts ; il ne faut pas te faire d'ennemis et t'attirer de mauvais coups, et je fis ce qu'on me demandai. J'ai été réassigné, et alors j'ai dit comme à présent, toute la vérité. Je dois ajouter qu'à Montbéliard, lors de mon entrevue avec le médecin Coulot à la Couronne-d'Or, je lui dis que je manquais d'argent pour retourner chez moi ; qu'alors il a tiré de sa poche une pièce de quarante sous et une autre de dix sous qu'il m'a remise, ce dont je lui sais bien bon gré, car j'en avais grand besoin.

M. Burgerey officier de santé : Le 23 juin, sur la réquisition de M. le juge de paix, j'ai procédé, avec mon confrère Henrielt, à l'autopsie du cadavre de Bazile Coulot. Nous avons constaté plusieurs blessures que nous croyons avoir été faites avant l'immersion, parce que le sang était coagulé ; il existait 1° à la suture des pariétaux, une plaie contuse de cinq centimètres de long ; 2° une contusion à la région temporale droite; 3° deux petites plaies aux cuisses ; 4° deux blessures au scrotum, faites de bas en haut : ces deux dernières plaies nous ont paru avoir été faite avec un instrument perçant et tranchant, par exemple avec un poignard à larges lames ou avec un tranchet de cordonnier. Toutes ces blessures n'étaient pas de nature à donner la mort.

M. l'avocat-général au témoin : Croyez-vous que Bazile Coulot, vieillard âgé de soixante-dix ans, ait pu, ainsi blessé, se rendre rapidement de sa maison à la citerne? — — R. Je ne puis pas répondre à cette question.

D. Comment? vous ne pouvez pas répondre à cette question! Vous êtes cependant un homme de l'art. (à MM. les jurés) : Nous ferons observer à MM. les jurés que Bergerey se trouve être médecin presque dans la même localité que le frère de l'accusé ; il garde peut-être envers lui certains ménagements.

Le témoin paraît embarrassé.

Henriett François, officier de santé, donne les mêmes explications que le précédent témoin.

M. l'avocat-général, au témoin : D'après la direction et la position des blessures du scrotum, croyez-vous pouvoir admettre que Bazile Coulot ait pu se les faire lui-même? — R. Cela n'est guère probable.

D. Pensez-vous que la plaie contuse qui existait à la suture des pariétaux ait été produite par la chute de Bazile Coulot contre l'angle d'un mur? — R. Non, Monsieur l'avocat-général ; le cuir chevelu était trop nettement divisé ; cette blessure a dû être faite par un instrument contondant et tranchant.

Ferréol-Dard, ouvrier cordonnier : Le 21 juin, je me suis rendu à la maison commune de la Bosse, pour voir le vagabond qu'on y détenait ; je suis revenu ensuite dans la maison Coulot, où je logeais. Au milieu de la nuit, j'ai entendu le père Coulot qui jurait, en frappant du poing. Je me suis rendormi ; puis j'ai été réveillé de nouveau par le bruit. C'était comme un bourdonnement, mais je ne pouvais distinguer les paroles; j'ai entendu le père Coulot dire à quelqu'un : Tu ne mourras que dans les prisons. Bientôt une voix de femme m'a appelé deux fois par mon nom . Ferréol ! Ferréol ! Je me suis habillé à la hâte; en descendant, j'ai rencontré la mère Coulot, qui m'a dit qu'on venait de retirer le père Coulot du réservoir, où il s'était jeté. Je me suis empressé d'aller chercher le médecin, et nous sommes revenus ensemble.

M. le président, au témoin : La veille de la mort, n'avez-vous pas fait aiguiser deux tranchets de cordonnier; ne les avez-vous pas retrouvés après la mort dans un endroit de la maison autre que celui où vous les aviez placés, et ces instruments n'étaient-ils pas couverts de rouille? — R. Oui, Monsieur.

D. N'avez-vous pas, dans la nuit du 21 au 22 juin, entendu le bruit d'une lutte entre plusieurs personnes dans la chambre du père Coulot, située sous la vôtre? — R. Non, Monsieur.

M. l'avocat-général, au témoin : Vous couchiez cependant dans une chambre placée immédiatement au-dessus de celle occupée par le père Coulot, et dont elle n'est séparée que par un plancher simple... Messieurs les jurés Ferréol Dard a commencé par être prévenu; c'est lui que Coste a cru, sans pouvoir cependant l'affirmer, voir porter avec Prosper, le corps du père Coulot à la citerne. (Au témoin :) Enfin avez-vous, oui ou non, déclaré devant M. le juge d'instruction avoir entendu Prosper appeler son père *poue* (cochon), celui-ci lui répondre qu'il ne mourrait jamais que dans les prisons, puis comme le bruit de coups qu'on se portait?

Le témoin, après un moment d'hésitation : Il me semble que j'ai entendu l'accusé dire à son père *pouc*.

M. l'avocat-général : Vous n'avez pas entendu le bruit d'une querelle!—R. Non, Monsieur.

D. Et, couché avec votre frère immédiatement au-dessus de la chambre de Bazile Coulot, quand vous y avez entendu du bruit, ni l'un ni l'autre ne vous êtes levés pour vous assurer d'où il provenait?... Je livre votre silence à MM. les jurés, ils l'apprécieront... Il est impossible qu'alors la curiosité ne vous ai poussés à descendre? — R. Nous travaillons de notre état, tantôt dans une maison, tantôt dans une autre, et ne nous mêlons pas de ce qui s'y passe.

M. l'avocat général, à MM. les jurés : Cet homme sait tout, et ne dit rien. Si l'instruction de cette affaire n'avait pas été manquée, complétement manquée devant le tribunal de Montbéliard, Ferréol Dard serait assis aujourd'hui à côté de l'accusé ; dans l'intérêt de la justice, nous éprouvons un regret profond qu'il n'en soit pas ainsi.

Dard Clovis, ouvrier cordonnier. Le témoin déclare qu'il ne sait rien ; qu'il ne s'est reveillé que quand on est venu appeler son frère.

Etevenard Melchior a aidé à retirer le père Coulot de la citerne.

D. A l'époque où l'affaire paraissait assoupie et où le juge d'instruction de Montbéliard ne s'en occupait que médiocrement, n'avez-vous pas répondu au brigadier de gendarmerie qui croyait l'affaire terminée : Si les Coulot s'en tirent comme cela, ils auront bien du bonheur. — R. Oui, Monsieur.

D. N'avez-vous pas ajouté que vous étiez allé vous confesser pour tranquilliser votre conscience? — R. Je n'ai pas dit que c'était pour tranquilliser ma conscience.

Le brigadier rappelé, se souvient parfaitement d'avoir entendu ce propos.

Vermot Augustin, cultivateur au Bisot : J'ai reconduit, le 21 juin au soir, Bazile Coulot du cabaret de mon frère à la Bosse. Chemin faisant, il me disait qu'il n'était pas heureux, qu'il avait presque envie de se détruire; il me disait cela en m'embrassant et en pleurant. Il ajoutait qu'il voulait vendre ses chevaux et vivre tranquillement.

Marie-Thérèse Renaud, *femme Rochet.* Coste lui a raconté qu'il avait vu porter le corps de Bazile Coulot à la citerne. Sur la demande de Mᵉ Clerc de Landresse, la femme Rocher déclare qu'elle a entendu dire à Coste : J'ai été farceur dans mon temps; il y en a bien qui sont à Toulon et qui n'en ont pas fait autant.

Marie Bonnet : La mère de l'accusé me dit un jour que si Coste soutenait sa déposition, il y aurait deux têtes coupées.

Jean Jaquet : Il y a environ deux ans, je vis Prosper Coulot qui se querellait avec son père, il tendait une hache levée contre lui.

Pierre François Jaquet : Le père Coulot m'a

dit qu'il avait tout vu à l'égard de ses enfants.
J'ai compris qu'il avait eu à subir bien des
mauvais traitements de leur part.

On entend les témoins à décharge.

Constant Lambert : J'ai travaillé longtemps
pour les Coulot en qualité de charron ; j'ai
toujours remarqué un grand accord entre le
père et le fils. Il y a environ trois ans, Bazile
Coulot me dit que s'il perdait un procès qu'il
avait, il se donnerait la mort.

M. le président, à l'accusé : Votre père a-t-il
gagné ce procès ? —R. Non, Monsieur.

M. le président : Il ne s'est cependant pas
tué.

Firmin Joseph : Me trouvant un soir à la
veillée chez Bazile Coulot, il eut une attaque
d'épilepsie ; il parlait seul, mais il n'était pas
tombé ; il cassa son bâton sur la tête de mon
frère, et poursuivi pour ce fait il fut condamné
à une amende.

Ch. Cheval : Coste me raconta un jour
qu'il avait vu porter quelque chose de la maison Coulot à la citerne ; une autre fois, qu'il
avait vu reporter quelque chose de la citerne
à cette maison ; une autre fois, il me dit en pleurant qu'il était bien en souci de toutes ces
affaires.

Xavier Cheval : Le père Coulot venait assez
souvent boire à la maison ; il disait qu'il voulait
se détruire à cause des chagrins qu'il avait
éprouvés ; il se frappait même avec son couteau ; il me disait de lui aider à se tuer. Il
n'était pas ivre.

Un juré, à l'accusé : Le père Coulot à la

maison commune se trouvait dans un état de somnolence complet, et arrivant à sa maison, il entre, suivant vous, en fureur. L'accusé pourrait-il expliquer ce fait?

L'accusé : Non, Monsieur.

A midi la parole est donnée à M. l'avocat-général Blanc, qui, après avoir reproduit avec talent les charges accablantes qui s'élèvent contre l'accusé, appelle sur lui toute la sévérité de MM. les jurés.

Dans un plaidoyer qui n'a pas duré moins de quatre heures, et qui a été constamment écouté avec la plus religieuse attention, Mᵉ Clerc de Landresse s'efforce d'établir que la mort de Bazile Coulot est le résultat d'un suicide.

Après les répliques et le résumé de M. le président Béchet, les jurés se retirent à une heure un quart du matin.

Ils répondent négativement à la question de parricide, et affirmativement à celle de coups et blessures faites au père de l'accusé.

En conséquence, la Cour, faisant à Prosper Coulot l'application des articles 311 et 312 du Code pénal, le condamne à dix ans de réclusion, maximum de la peine, sans exposition.

L'accusé qui, même alors que les témoins ou le ministère public remettaient sous ses yeux les détails horribles de la mort de son malheureux père, n'a pas manifesté la plus légère émotion, entend prononcer sa condamnation avec l'impassibilité qu'il a conservé pendant tout le cours de ces longs débats.

COUR D'ASSISES DU CALVADOS.

Audiences des 13 et 15 mai 1844.

AFFAIRE BUCHARD ET LETOUZÉ.

Empoisonnement d'un mari par sa femme, de complicité avec son amant. — Tentative d'avortement par ce dernier sur sa maîtresse.

Dès le matin, une foule immense assiégeait toutes les avenues de la Cour d'assises ; aussi, à peine les portes de la salle sont-elles ouvertes, qu'en un instant toutes les places se trouvent envahies, et, que la force armée, pour maintenir le bon ordre, est obligée de repousser au dehors bon nombre de curieux, qui, n'ayant pu trouver à se placer, ne s'en pressaient pas moins aux portes de l'audience. Pendant tout le procès, et malgré la longueur des débats, une foule nombreuse n'a pas cessé de stationner aux abords de la Cour d'assises.

Geneviève-Julie Lemarchand, veuve de Jean Buchard, principale accusée, est de petite taille; sa figure ovale, colorée, sans être précisément jolie, ne manque ni de grâce, ni de douceur. Cette femme est âgée de vingt-neuf ans, et est entièrement vêtue de noir elle porte un bonnet de batiste unie, recouvert d'un voile de même couleur presque constamment baissé. Son état de grossesse est fort avancé. Près d'elle, est assis celui que l'accusation signale comme son complice, Eugène-Léopold-Aimé Letouzé, qui a trente-deux ans ; il est pâle de visage, brun de cheveux ; sa figure encadrée par d'épais favoris est assez fortement accentuée, sa contenance est loin de lui être défavorable ; il tient, comme la veuve Buchard, les yeux baissés, dans une attitude de complète résignation.

A dix heures la Cour entre en séance, présidée par M. le conseiller Regnault.

M. Demiau de Crouzilhac occupe le siége de ministère public.

MMes Bayeux et Trolley sont au banc de la défense pour la femme Buchard, Me Villet-Desmezerts pour l'accusé Letouzé.

Après les premières formalités de l'audience, le greffier donne lecture de l'acte d'accusation d'où résultent les faits suivants :

Le 15 novembre 1843, Jean Buchard, propriétaire, cultivateur à Villers-sur-Mer, commune de l'arrondissement de Pont-l'Évêque, mourut dans son domicile, à la suite de longs et pénibles vomissements.

Jean Buchard était âgé de cinquante-cinq ans. Depuis quelque temps, le dérangement de sa santé exigeait des soins et des précautions. Il lui arrivait quelquefois de rendre ses aliments à la sortie de ses repas ; sa mort parut donc naturelle, et il fut inhumé sans que l'opinion publique semblât d'abord s'en préoccuper.

Cependant, au bout de quelques jours, une certaine rumeur agita les habitants de la commune de Villers. Les amis de Jean Buchard, ceux qui l'avaient vu dans ses derniers jours, s'émurent d'une mort si prompte. On connaissait sa sobriété, ses habitudes d'ordre, la régularité de ses mœurs. On l'avait vu, le 13 novembre, satisfait, bien portant, à la foire de Pont-l'Évêque, et l'on se demandait avec étonnement comment le 14, au soir, après un modeste repas, il avait pu être surpris par des vomissements tels que, dès le lendemain matin, il avait succombé.

Buchard était aimé et estimé dans sa commune. On n'ignorait pas ses chagrins domestiques, et tout le monde le plaignait. Uni, à l'âge de quarante-six ans, à une femme de vingt ans qui aurait dû lui garder son attachement et sa fidélité, au moins par reconnaissance, et en échange de l'aisance et du bien-être qu'elle en avait reçu, il avait la douleur de voir son ménage troublé, son repos compromis par de honteux désordres qui, pour surcroît de malheur, étaient parvenus à la plus déplorable publicité.

Bientôt, de graves soupçons éclatèrent : on dit, on répéta que Jean Buchard avait dû être empoisonné ; on alla jusqu'à insinuer que l'indisposition dont il était atteint depuis près d'un an, que ces vomissements, ces nausées qui tourmentaient la vigueur de son tempérament n'étaient autre chose que l'effet d'un poison administré à petites doses, dans le but de miner lentement sa santé et sa vie.

Instruite de ces bruits, qui chaque jour prenaient plus de consistance, l'autorité judiciaire se transporta dans la commune de Villers et procéda à une information. Le corps de Buchard fut exhumé en présence du maire et du curé, qui le reconnurent. On chargea un médecin de faire l'autopsie. L'estomac, le cœur, le tube digestif furent détachés avec soin et enfermés dans un vase; on les transporta à Pont-l'Évêque, et ces viscères, confiés à la prudence et au discernement de trois experts, furent immédiatement soumis aux épreuves indiquées par la science la plus rigoureuse et la plus exacte.

L'opinion publique ne s'était pas égarée dans de vaines suppositions : Jean Buchard était mort empoisonné. On trouva dans son estomac une assez grande quantité de cobalt, substance arsenicale connue sous le nom de mort-aux-mouches, et dont on se sert fréquemment dans les ménages pour la destruction de ces insectes. Le liquide provenant de l'estomac contenait de ce poison ; les parois de ce viscère, les aliments que Buchard avait pris à son dernier repas en étaient imprégnés ; enfin, le cœur et une petite quantité de sang recueillie lors de l'autopsie contenaient aussi une préparation arsenicale.

Dès que ces découvertes furent constatées, l'ordre d'arrêter la veuve de Jean Buchard fut donné ; on arrêta aussi le complice de ses désordres, l'homme auquel elle avait publiquement sacrifié son honneur et celui de son mari, le nommé Eugène Letouzé, domestique à Villers. Celui-ci trompa d'abord la vigilance de la gendarmerie et parvint un moment à lui échapper ; mais on ne tarda pas à le reprendre, et il fut conduit en prison.

A peine sous les verroux, la veuve Buchard et Letouzé, pénétrés du danger de leur position, sentirent le besoin de se concerter. Mis au secret l'un et l'autre, par ordre du juge d'instruction, ils déjouèrent cette sage mesure en corrompant un gardien, et plus d'une fois leurs interrogatoires fournirent la preuve de leurs communications. La vérité ne s'en révéla pas moins tout entière, et cette nécessité de s'entendre, cette complicité dans la corruption d'un geôlier n'ont été qu'une preuve de plus de leur complicité pour les faits qui sont l'objet de l'accusation.

Marié depuis près de neuf ans avec Geneviève-Julie Lemarchand, de Gonneville-sur-Dives, Jean Buchard avait perdu, par suite de l'inconduite de sa femme, le bonheur qui s'était attaché aux premières années de cette union. Geneviève, dont l'information a mis au jour les penchants désordonnés et la singulière dépravation, ne borna pas longtemps ses désirs à l'affection d'un mari qui avait fait sa fortune, mais qui avait dépassé l'âge de cinquante ans. Après avoir fixé sur elle l'attention publique par ses légèretés et sa conduite équivoque, elle finit par s'attacher ouvertement à Eugène Letouzé, et ne garda bientôt plus aucune mesure dans ses relations avec lui. Domicilié dans le voisinage, placé dans un château dont les propriétaires étaient presque toujours absents, domestique à peu près sans emploi, Letouzé avait de fréquentes occasions de voir la femme Buchard, qui ne montrait pas moins d'empressement à le rechercher. On les rencontrait souvent ensemble; on les voyait se donner, sans crainte d'être aperçus, des témoignages non douteux d'affection, se glisser dans les bois, où on les perdait de vue, et l'intérêt général qu'inspirait Jean Buchard faisait de son malheur le sujet de tous les entretiens.

Il en acquit lui-même la cruelle certitude, et il en parla devant ses amis. Un jour, il trouva Letouzé caché, vers neuf heures du soir, dans un coin de son habitation. Il le chassa avec vivacité et défendit à sa femme de le revoir; mais cet obstacle à sa passion n'eut d'autre effet que d'en rendre l'aiguillon plus vif. Privés de se voir en toute liberté, Geneviève et Letouzé se donnèrent de secrets rendez-vous; ils s'écrivirent, et une lettre que la femme Buchard avait commencée tomba entre les mains de son mari, qui y lut ces mots: « Si je me trouvais devant ton père, je n'oserais lever les yeux.»

C'est vers cette époque que la santé de Jean Buchard éprouva une altération sensible : son estomac perdit son énergie; ses digestions se firent péniblement. Des nausées venaient de temps à autre le fatiguer après ses repas; il devint, on ne sait comment, sujet à des vomissements.

On comprend que ce nouvel état et les inquiétudes inséparables d'un ménage dérangé comme l'était le sien avaient chassé le bonheur loin de son foyer. Il s'ouvrait à ses nombreux amis sur les tourments que lui causait sa femme; mais le souvenir de quelques événements qui avaient affligé sa famille lui commandait le silence et la résignation. « Je saurai me taire, disait-il à ses confidents. Je n'éclaterai pas par une demande en séparation. Je laisserai aller les choses tant qu'il ne surviendra pas d'enfant ; mais si ma femme devenait enceinte, aucun sacrifice ne me coûterait pour l'éloigner de moi, » et Jean Buchard ajoutait qu'il avait rompu avec Geneviève toute communication, qu'il avait cessé tout commerce avec elle.

Tout à coup, dans les premiers jours du mois de septembre 1843, la femme Buchard devint enceinte ; elle en est convenue elle-même, le 22 décembre, en faisant remonter sa grossesse à environ trois mois et demi. Ce fut dans le mois d'octobre qu'elle s'en aperçut, et c'est là aussi que se place la tentative d'avortement dont son complice est accusé.

Geneviève Lemarchand devait connaître les intentions de son mari et l'unique condition qu'il avait mise à son silence. Buchard fermait les yeux, pourvu que les apparences fussent sauvées ; mais une grossesse, mais sa honte produite à tous les yeux devaient être le signal d'une rupture et d'un éclat. Ce que ses amis savaient à cet égard, sa femme ne pouvait l'ignorer ; mais ce que, dans tous les cas, elle savait mieux que personne, c'est que sa grossesse allait devenir pour lui le plus cruel de tous les outrages. Dès qu'elle connut son état, elle appela Letouzé à son secours. Une lettre écrite par elle au crayon, et découverte le 5 janvier 1844 dans la poche d'un pantalon de Letouzé, a mis au grand jour la nature des relations qui s'établirent secrètement entre eux à cette occasion : « Hélas ! lui écrivait-elle, que j'ai donc de malheur au sujet de ce que tu m'as donné, car je ne puis en prendre ! J'en ai pris un verre hier matin, et j'en ai été bien malade : je n'ai fait que rendre toute la nuit. Le soir, je me suis risquée à recommencer, et j'ai été encore plus malade, tellement que je me croyais mourir. Je n'en puis prendre d'autre ; j'en mourrais, et j'aime mieux mourir d'un autre que de cela. »

De telles expressions sont bien faites pour indiquer le but d'un pareil breuvage.

Atterrée, confondue à la représentation de cette lettre, qu'elle croyait détruite, Geneviève Lemarchand ne fit d'abord que bégayer quelques vaines explications ; elle avait eu, dit-elle, un grand mal aux dents, et elle avait prié Letouzé de lui fournir un remède. Rentrée dans sa prison, et s'étant concertée avec Letouzé sur cette fatale découverte, elle raconta quelques jours après qu'au printemps dernier, elle avait souffert de la poitrine, et qu'après avoir consulté son médecin, le docteur Billard, qui lui avait bien recommandé de soigner cela, Letouzé s'était chargé de lui faire secrètement une tisane.

Qui pourrait se rendre à de semblables défaites ? Le docteur Billard a déclaré que, dans toute l'année, la femme Buchard n'avait pas eu de maladie, à sa connaissance, qu'elle ne l'avait pas consulté ; qu'il lui avait, au mois d'août, arraché une dent, mais qu'elle ne lui avait parlé d'aucune espèce de maladie. Et comment croire, d'ailleurs, que cette femme, qui vivait dans l'aisance, qui avait des domestiques pour la servir et des pharmaciens à sa disposition, chargeât le domestique d'un château voisin, son amant, son complice, du soin de la traiter, en déposant mystérieusement un breuvage dans un lieu particulier dont ils étaient convenus?

Cette lettre ne porte point de date; mais l'énonciation d'un fait qu'elle mentionne ne laisse aucun doute sur le jour même où elle fut écrite. Cette lettre se termine ainsi: « Viens me parler demain matin, du matin; mon mari va à Beaumont mener une vache. Je t'en prie, ne m'abandonne pas. »

Or, la seule vache vendue au marché de Beaumont par Buchard l'a été dans le mois d'octobre, et vers le 18. Le domestique qui l'accompagnait a déclaré que c'était le jour de l'inhumation d'une femme Suzanne, du surnom de Cadet, et l'acte de décès de cette femme, joint aux pièces de la procédure, se trouve en effet daté du 18 octobre.

Lorsque l'invincible répugnance de Geneviève à achever un breuvage qu'elle jugeait mortel pour elle eut fait échouer la tentative d'avortement à laquelle elle s'était prêtée, le sort du malheureux Jean Buchard fut décidé.

Buchard avait, à diverses époques, acheté de l'arsenic pour ses bestiaux et pour la destruction des rats. Lors de l'inventaire des effets de sa succession, on en a trouvé dans un panier placé dans l'armoire de sa chambre. Sa femme pouvait l'avoir oublié ; mais elle avait elle-même plusieurs fois fait usage de la substance arsenicale dont il a été parlé plus haut, sous le nom plus vulgaire de mort-aux-mouches.

Ce fait capital, auquel les dénégations prolongées de la veuve Buchard et le genre de mort de son mari ont donné une énorme gravité, doit être relevé et constaté ici avec soin.

Il est constant, d'après l'information, qu'il ne se passait presque pas une année sans que la femme Buchard se servît de cobalt pour se débarrasser des mouches. La fille Durand, qui a été à son service, l'a vue déposer une poudre noire dans une assiette, avec de l'eau dessus, pour détruire les mouches ; elle l'a vue en rapporter de Beaumont et la mettre dans deux assiettes, sur la table. Comme cette fille est sortie de la maison Buchard depuis quatre ans, ces faits doivent remonter à une époque antérieure à 1840. Cette fille a ajouté qu'étant allée depuis chez Jean Buchard, elle y avait encore vu de la mort-aux-mouches dans une assiette ; il y a de cela un peu plus de deux ans. Cette déclaration, reçue au mois de décembre 1843, fait donc évidemment remonter ce dernier fait à l'été de 1841.

La fille Aménaïde Carpentier, dernière domestique des époux Buchard, a déclaré que, dans l'été de 1842, elle a vu deux assiettes dans lesquelles était de la poudre noire avec de l'eau ; les mouches y mouraient. Les deux assiettes restèrent ainsi plusieurs jours exposées ;

quand on avait besoin de la table, on les mettait, dit-elle, sur le potager.

Ainsi, presque tous les ans, la femme Buchard avait recours à la mort-aux-mouches
pour se débarrasser de ces insectes.

C'est avec cette substance que Jean Buchard
fut empoisonné, en mangeant du foie de bœuf,
le 14 novembre dernier. Les gens de sa maison en avaient mangé dans la soirée du 12,
sans en être incommodés. Le 13, Buchard passa
la journée à la foire de Pont-l'Évêque, et le
restant du foie fut préparé pour lui seul à son
dîner du 14. Ce fut Geneviève Lemarchand
qui le fit réchauffer, le mit dans une assiette
et le servit. Avant que Jean Buchard fut assis,
le nommé Duhamel, qui déjà se trouvait à table, voulut ramasser un morceau de foie qui
était tombé sur la nappe pendant que la femme
Buchard le remuait dans l'assiette; mais, plus
prompte que lui, elle s'en saisit précipitam-
ment et lui dit que ce n'était pas pour lui que
ce plat était préparé.

Ainsi, Buchard mangea seul de ce foie de
bœuf. En sortant de table, il alla rejoindre ses
gens et s'occuper à abattre des pommes que
ceux-ci cueillaient. C'est là qu'il ressentit les
premières atteintes de l'empoisonnement : il
vomit, se plaignit, mais continua de travailler.
Il rentra le soir avec tout le monde, se fit faire
une soupe et recommanda à la servante de
bien bassiner son lit. Pendant toute la nuit, les
vomissements redoublèrent. Le lendemain, sa
femme lui servit un liquide à l'oignon; il le

but dans une assiette qu'il laissa, et à onze heures, il était mort.

Plusieurs morceaux de foie que Jean Buchard n'avait pas triturés ou broyés en mangeant, et qu'on a trouvés de la grosseur d'une noisette dans son estomac, étaient tapissés et imprégnés de cette poudre noire qui sert de poison pour les mouches; le liquide qu'il avait bu quelques heures avant sa mort en contenait également.

Interrogée au sujet de cette même substance dont elle avait fait un si fréquent usage, Geneviève Lemarchand surprit bien le juge d'instruction, lorsqu'elle lui déclara que jamais elle n'en avait vu dans sa maison, et qu'elle ne savait même pas ce que c'était. Elle le nia formellement dès le 3 décembre; le 14, elle dit se souvenir en avoir aperçu une fois chez une dame de son voisinage; mais elle affirma que, chez elle, il n'en avait jamais été employé. Le 31 décembre, elle persista dans ses dénégations avec une obstination incroyable. Le magistrat lui dit qu'on savait, à n'en pas douter, qu'elle en avait fait plusieurs fois usage; elle soutint qu'elle n'en avait aucune connaissance. La conscience du juge instructeur ne se laissa pas imposer : il révéla à la femme Buchard les témoignages positifs de la fille Durand et d'Aménaïde Carpentier; elle lui répondit : « Je vous assure que j'y pense le plus que je peux et que je ne puis pas m'en souvenir. »

Ainsi, cette femme qui déjà s'était promptement rappelé avoir vu une fois, par hasard, de a mort-aux-mouches dans une assiette, chez une dame Alphonse Léguillot, prétendait faire d'inutiles efforts pour se souvenir si jamais elle en avait eu en sa possession.

Enfin, à une dernière tentative du juge d'instruction, à une observation solennelle sur les conséquences de ses réponses, Geneviève Lemarchand, pressée, vaincue par l'ascendant de la vérité, fit entendre ces paroles : « J'ai maintenant quelque idée d'en avoir acheté et de m'en être servi chez nous ; mais ce que j'en ai acheté a été tout employé ; je n'en ai pas gardé.

Que la veuve Buchard cherche, après cela, à insinuer que, dévoré par le chagrin et tourmenté par ses maux physiques, son mari a eu recours au suicide, on lui répond que Buchard avait fini par trouver des consolations au sein de l'amitié, et des distractions dans les soins qu'il donnait à ses affaires. Désireux de rétablir sa santé, craignant la mort, comme le disent les témoins de l'information, il consultait de tous côtés et voyait plusieurs médecins. La veille de sa mort, il était gai et riant à la foire de Pont-l'Évêque, où il mangeait de bon appétit ; depuis longtemps il ne s'était si bien porté. Il invitait un vétérinaire à déjeûner avec lui le 16 novembre, faisait acheter de la viande tout exprès le 14, et le lendemain, il mourait victime d'un empoisonnement. Si Buchard eût voulu attenter à ses jours, il avait beaucoup d'arsenic en sa possession et n'avait pas besoin de se procurer de la mort-aux-mouches. Après un suicide qu'il n'eût pas, du reste, accompli en famille, il ne se fût pas livré tranquillement aux délassements et aux travaux champêtres; enfin, le soir, avant de se coucher, il n'eût pas recommandé à sa domestique de bassiner son lit, comme s'il eût voulu mourir plus à l'aise et rendre plus doucement son dernier souffle de vie.

La complicité d'Eugène Letouzé ressort de toutes les circonstances qui sont ci-dessus établies. Celui qui avait jeté le trouble et la désunion au sein d'un ménage, qui, malgré les représentations de ses parents et le cri public, abreuvait de dégoûts un père de famille; qui, par un breuvage composé et remis en secret, tâchait de détruire le fruit de ses propres œuvres; celui-là ne peut être resté étranger à la mort violente de l'homme qu'il supplantait de son vivant, et dont un long adultère lui faisait espérer de partager les dépouilles.

On procède ensuite à l'audition des témoins.

M. Hippolyte Joly, docteur en médecine à Pont-l'Évêque : Le 29 novembre dernier, je fus invité par M. le procureur du roi de Pont-l'Évêque à me rendre à Villers-sur-Mer, pour procéder à l'examen d'un cadavre. Je me rendis donc sur les lieux. On me conduisit dans le cimetière, devant une fosse qu'on avait commencé à rouvrir. Elle fut creusée entièrement, et on en retira un cercueil. Le couvercle de ce cercueil enlevé, nous aperçûmes un cadavre, qu'on nous dit être celui de Buchard, et dont l'identité fut reconnue par M. le maire et M. le curé pour être celui de Buchard, cadavre parfaitement conservé, et qu'on eût dit être là seulement depuis deux heures, bien qu'il y fût depuis longtemps. Quelques savants, messieurs, accordent à l'arsenic la propriété de conserver les corps. J'enlevai l'appareil digestif, après avoir toutefois reconnu que la bouche n'avait rien d'extraordinaire. Je ne remarquai rien non plus dans les organes pectoraux et abdominaux. Les parties enlevées furent mises dans un vase cacheté avec soin et emportées à Pont-l'Évêque, où, le 1er décembre, deux experts et moi, nous procédâmes à un examen rigoureux.

Nous ne trouvâmes rien d'extraordinaire dans l'œsophage, si ce n'est un corps étranger, mollasse, de la grosseur d'une noix, et que nous reconnûmes être du foie de bœuf non broyé. Dans l'estomac, il y avait environ un litre de liquide roussâtre, du foie et des pépins de fruit. La membrane qui tapisse l'estomac nous parut vivement enflammée ; à trois travers de doigt de distance du pylore, nous aperçûmes un ulcère ; on voyait avec la loupe et même l'œil nu, dans les interstices de cet ulcère, une poudre noire. Les intestins étaient engorgés d'un mucus très épais. Nous soumîmes et les organes et les matières trouvées dans ces organes à l'appareil de Marsh, et nous obtînmes de l'ulcère seule 20 centigrammes de poudre arsenicale, connue sous le nom de cobalt ou mort-aux-mouches. Les organes, les aliments, le foie que nous avions rencontré dans ces organes donnèrent aussi des taches arsenicales. Nous en conclûmes que la mort avait eu lieu par suite d'un empoisonnement occasioné par cette mort-aux-mouches.

Dans un rapport indépendant de celui qui fut rédigé de concert avec les deux experts chimistes qui avaient procédé à cette opération, j'avais conclu que Buchard, bien qu'il eût une lésion chronique de l'estomac, déjà ancienne, n'était mort que d'une nouvelle lésion occasionée par l'arsenic.

M. le président : A quel aliment pensez-vous qu'a dû être mélangée la substance arsenicale. — R. Nous crûmes que le foie avait dû nager dans un liquide qui contenait beaucoup de cobalt. Le défunt, en mangeant le foie, ne se sera pas aperçu qu'il était arseniqué parce que cet aliment est ordinairement rempli de calculs biliaires qui le font craquer sous les dents comme une matière sablonneuse.

Un juré : Depuis quand existait la lésion chronique, et pensez-vous que c'est à elle qu'on peut attribuer la mort? — R. Depuis long-temps : je n'attribue pas la mort à cette lésion, mais bien à l'ulcération dont j'ai parlé plus haut; je l'attribue enfin à un empoisonnement.

M. le président : Femme Buchard, à quoi attribuez-vous la mort de votre mari? — R. Je suis innocente de tout cela; je ne sais à quoi attribuer la mort de mon mari; il est possible qu'il se soit empoisonné lui-même à cause des chagrins que je lui avais occasionés par mon inconduite. Il m'a dit bien des fois qu'il voudrait être mort; il avait souvent la tête perdue; il ne savait où il allait.

D. N'est-ce pas vous, femme Buchard, qui avez servi le foie à votre mari le 14 novembre? — R. Oui.

D. Accusé Letouzé, vous voyiez souvent la femme Buchard? — R. Oui.

D. Mais vous y alliez moins souvent depuis que Buchard vous avait trouvé caché chez lui. — R. J'y allais rarement.

M. Deleurme, pharmacien à Pont-l'Evêque, fait la même déposition que le témoin précédent. L'estomac et les aliments qu'il contenait, soumis à l'analyse de l'appareil de Marsh, ont été reconnus renfermer de l'arsenic à l'état métallique. La quantité était telle qu'il avait dû y avoir empoisonnement.

M. Jean Lepecq, cultivateur à Saint-Vaast. Vers le mois d'avril dernier, Buchard tomba malade; je le vis plusieurs fois, il vomissait fréquemment, avait le bout des doigts de la main et des doigts des pieds blanchâtres, engourdis, frémillants. Je lui conseillai de voir un médecin; nous allâmes ensemble chez M. Gauvin pour le consulter. Chemin faisant, il me parla de ses chagrins et de l'inconduite de sa femme.

Je lui conseillai de s'en séparer; mais il me répondit que dans sa famille il y avait eu assez de malheurs comme cela et qu'il ne voulait pas donner occasion de les rappeler. Mais que cependant il n'avait plus aucun rapport avec sa femme et que s'il survenait un enfant rien ne l'arrêterait, qu'il se séparerait, et que rien au monde ne pourrait dans ce cas ni lui faire lever le pied pour la suivre ou rester avec elle, que rien non plus ne lui ferait lever la main pour la frapper. Qu'il regardait comme honteux de reconnaître des enfants qui ne seraient pas les siens. Si elle devient enceinte, me dit-il, je me séparerai, fallût-il pour cela dépenser 50 louis. Le témoin raconte plusieurs faits qui lui ont été confiés par le défunt. C'est ainsi qu'un soir, vers la fin de 1842, Buchard ayant tardé de se coucher, entendit du bruit dans un bas côté de sa maison, se dirigea de ce côté, et trouva un homme tapi en ce lieu, il appela ses gens. On ouvrit et on y trouva l'accusé Letouzé qui dit qu'il n'était pas venu là pour voler ni pour faire du mal, et demanda qu'on le laissât. Buchard lui donna la liberté après lui avoir administré un coup de pied dans le derrière. Un jour, après s'être rasé, Buchard alla pour s'essuyer aux draps du lit de son enfant, et, sous les plis de ce drap, il trouva une lettre de sa femme à Letouzé. Le témoin dit que Buchard lui en a lu le contenu et il ne se souvient plus que de cette phrase : « si je me trouvais devant ta mère je ne pourrais m'empêcher de rougir. » Ayant un jour fait observer les suites de l'inconduite des femmes à la sienne, celle-ci répondit : « il y a plus de deux ans que si j'avais voulu ton ménage serait perdu. »

Les époux Buchard étaient mariés depuis huit ans : Buchard avait 1,300 fr. de rente en bien fonds, sa femme peu de chose. Il avait passé la quarantaine quand il épousa sa femme qui avait à peine vingt ans. Dans les premières années ils vécurent heureux; ce n'est que depuis trois ans environ que Buchard ayant connu son malheur, la mésintelligence se glissa dans la maison.

Buchard éprouvait des vomissements dès le mois d'août dernier.

M. Mézeray, maire à Villers-sur-Mer, a vu Buchard dans le courant de sa maladie. Je n'ai cru à l'empoisonnement qu'après le décès. Le 13 novembre dernier Buchard allait à la foire de Pont-l'Evêque ; je fis une partie de la route avec lui, il me pria, si je rencontrais M. Bride, vétérinaire, de lui dire de venir voir une jument qui était malade. Le 14 à onze heures et demie du matin, je le revis, il cueillait des pommes, il me dit qu'il était assez bien portant, même qu'il était mieux, et il me demanda si j'avais vu le vétérinaire. Le lendemain 15 on vint me prévenir de sa mort, ne pensant pas que cette mort était la suite de l'empoisonnement, je laissai faire l'inhumation. Je demandai toutefois si on avait fait venir un médecin, le père de madame Buchard me répondit qu'on l'avait fait mander, mais que, comme il n'était pas venu, on lui avait donné contre ordre, et que c'était un voyage d'épargné. Le vendredi je vis la mère de la femme Buchard, je lui parlai des bruits répandus sur sa fille, j'ajouterai que je ne croyais pas à l'empoisonnement, mais que cependant sa fille n'était pas étrangère à la mort de Buchard, que les chagrins domestiques qu'elle lui avait causé, pouvaient bien être cause de ce malheur. La mère me répondit qu'elle avait interrogé sa fille sur son inconduite, mais qu'elle lui avait juré n'avoir jamais connu que son mari.

Le témoin rappelle un interrogatoire qu'il a fait subir à la femme Buchard après en avoir reçu avis de M. le procureur du roi de Pont-l'Evêque, puis arrivant à la moralité de la femme Buchard, il raconte plusieurs faits de cynisme de cette femme, notamment un qui consisterait dans l'épilation des parties sexuelles d'une fille Jourdain, action commise de concert avec une femme Duhamel. Le fait a été raconté au témoin par le père de la petite fille.

M. Mézeray dépose que la mère de la femme Buchard aurait tenté de suborner des témoins et que depuis elle les aurait priés de ne pas déposer rien qui pût faire tort à sa fille.

Selon le témoin, Buchard était sobre, honnête et avait peur de la mort; a son estime et a l'estime du public, il ne s'est pas empoisonné lui-même, parce qu'il aimait trop son fils aîné pour cela. Il n'avait pour ses deux autres enfants aucune affection. Il ne les croyait pas les siens.

M. Joly, rappelé, dit que l'opinion publique, dans le pays, est que Buchard ne s'est pas suicidé, mais qu'il a été empoisonné par sa femme.

M. Letanneur, cultivateur, et adjoint à Saint-Vaast. J'étais très lié avec Buchard. Dix-huit ou vingt jours avant sa mort, il vint chez moi pour me louer des chevaux et me parla de l'inconduite de sa femme; le chagrin, disait-il, le consumait, il ne savait pas ce qu'il deviendrait; il était attaqué d'une maladie qui menaçait de l'emporter au tombeau, mais sur

mes conseils, il ajouta qu'il ferait tout son possible pour vaincre le mal, et se conserver pour
son fils aîné. Il me dit en outre qu'il avait depuis longtemps cessé toute cohabitation avec
sa femme, et qu'il ne se séparerait d'elle qu'au
cas où elle deviendrait enceinte. Je ne puis croire
que Buchard se soit suicidé, il avait trop peur
de la mort.

Le défunt lui a parlé d'une lettre qu'il avait
trouvée sous les draps du lit de son enfant. Il
la lui a lue, mais il ne se rappelle pas les termes. Il sait seulement que la femme Buchard,
dans cette lettre, tutoyait Letouzé.

M° Trolley : Comment le père Buchard est-
il mort? — R. On dit qu'il s'est pendu.

M. Mézeray, maire, rappelé, dit aussi que
le père de Buchard s'est pendu par suite du
grand chagrin qu'il avait conçu à cause d'un
vol d'argent qui lui avait été fait ; interrogé de
nouveau, M. Mézeray déclare que Buchard
était doux, serviable, qu'il paraissait résigné à
son malheur, que souvent il disait que quoiqu'il lui arrivât, il ne maltraiterait pas sa femme,
qu'il aimait mieux s'en séparer. Le motif qui
l'arrêtait c'était la mort funeste de son père,
le meurtre que son frère avait commis sur sa
femme qu'il croyait infidèle, et enfin le décès
de son autre frère, qui s'était noyé dans une
partie de pêche.

Après l'audition des témoins, le ministère
public prend la parole, et soutient avec force
l'accusation contre les deux accusés.

Les défenseurs de la femme Buchard pren-
nent ensuite la parole, et s'attachent principa-

lement à démontrer que rien dans la cause
n'excluait nécessairement l'idée du suicide. Ils
conviennent que, sans doute, Buchard est mort
empoisonné, mais ils soutiennent qu'il a bien
pu se détruire lui-même ; que cette dernière
opinion était celle d'une partie de la contrée,
parce qu'on savait le chagrin amer que lui oc-
casionait, depuis longtemps, l'inconduite de
sa femme ; puis, les antécédents de sa famille
étaient là pour révéler en elle une sorte de ten-
dance héréditaire au suicide.

Le défenseur de Letouzé avait une tâche
moins difficile à remplir, aussi a-t-il obtenu
un succès complet.

Letouzé déclaré non coupable par le jury a
été immédiatement mis en liberté.

Quant à la femme Buchard, déclarée coupable d'empoisonnement sur la personne de
son mari, mais en faveur de laquelle le jury a
admis des circonstances atténuantes, elle a été
condamnée à la peine des travaux forcés à perpétuité.

En entendant prononcer son arrêt, la femme
Buchard a versé quelques larmes, et protesté
de nouveau de son innocence.

COUR D'ASSISES DU DOUBS,

Audience du 1er mai 1844.

PRÉSIDENCE DE M. LE CONSEILLER BÉCHET.

AFFAIRE COULON.

Meurtre. — Les suites d'une querelle entre gens ivres.

Le 22 février dernier, sur les neuf heures et demie du soir, un tragique événement mettait en émoi le quartier du pont de la Madeleine : un homme venait d'être jeté du haut du pont dans la rivière et appelait au secours d'une voix lugubre, en faisant de vains efforts pour se soutenir au dessus des flots. Malgré les nombreux témoins attirés par ses cris, l'obscurité de la nuit, l'absence de barques et l'élévation des eaux, très grosses alors, ne permirent pas de lui porter secours : ses cris devinrent plus étouffés, bientôt il disparut sous les flots, et son cadavre ne devait être retrouvé que quarante jours après, dans le canal du moulin de Tarragnoz.

Dans les premiers moments, divers bruits coururent sur la cause de cet événement, et les investigations de la justice ne purent d'abord éclaircir les mystérieuses circonstances dans lesquelles il semblait devoir rester enveloppé.

Cependant une casquette retrouvée sur les lieux, et qu'on supposait avoir appartenu au meurtrier ou à la victime, ayant été colportée dans plusieurs maisons garnies, fut bientôt reconnue par le sieur Briet, aubergiste, pour être celle d'un nommé Scheibel, ouvrier, logé chez lui, qui n'avait pas reparu depuis le 22 au soir.

Nul doute dès lors que Scheibel ne fût l'homme précipité dans la rivière : mais il restait à découvrir l'auteur de cet a mtat, et nous ne saurions donner trop d'élo. a l'activité que la police déploya pour y parvenir : à force de recherches, on parvint à savoir que Scheibel avait été vu dans la soirée du 22 février, de huit à neuf heures du soir, dans divers cabarets, en compagnie d'un sieur Coulon, chargeur, homme fort mal famé. Coulon fut arrêté.

Dès lors l'instruction marcha rapidement ; conduite avec une grande habileté, elle prit Scheibel et Coulon dès le moment de leur rencontre, le 22 février au soir ; elle les suivit pas à pas dans plusieurs cabarets, à Battant, près de la Madeleine, dans la rue Poitune, retenant leur conversation et les circonstances les plus minutieuses de leurs démarches, et elle ne les quitta plus qu'après leur séparation, lorsque l'un d'eux disparut sous les flots, et que l'autre, profitant de l'obscurité, s'enfuit dans les rues étroites qui avoisinent la Madeleine.

Voici les faits rapportés par l'acte d'accusation.

Le 22 février dernier, Félix Scheibel, ouvrier ferblantier, qui depuis douze jours était logé chez Séraphin Briet, rue de Vigny, renra dans son domicile, vers les sept heures du soir, dans un état voisin de l'ivresse; il demanda en soupant du vin, qu'on lui refusa; il remonta alors dans sa chambre, pour y chercher un pantalon de toile qu'il voulait vendre pour se procurer une somme d'argent, dont il était entièrement dépourvu.

Vers huit heures du soir du même jour, il se présenta rue de Battant, dans le cabaret de Vacelet, pour y vendre le pantalon, qui fut acheté par l'accusé Louis Coulon, pour la somme de soixante-quinze centimes, qu'il paya immédiatement. Dès ce moment, Scheibel ne quitta point l'accusé, qu'il voyait pour la première fois, il fit une première dépense de vingt centimes, qu'il paya dans ce cabaret. Tous deux se rendirent ensuite chez l'épicier Boutteçon, où ils burent également de l'eau-de-vie pour une somme de vingt centimes, qui fut encore acquitté par Scheibel. En sortant de la boutique de ce dernier, ils rencontrèrent le nommé Jean-Baptiste Goux, connu de l'accusé Coulon, et qu'ils emmenèrent dans le cabaret de la femme Dugourd, qui demeure aussi dans la rue Battant, et chez laquelle ils se firent encore servir de l'eau-de-vie pour la même somme de vingt centimes. Lorsqu'il fallut payer, une discussion s'éleva entre Coulon et Scheibel, qui lui disait d'acquitter cette dépense. L'accusé n'était point disposé à payer la dette que l'on avait contractée, Scheibel lui arracha violemment le pantalon qu'il venait de lui vendre et qu'il tenait sous son bras, et le remit à la domestique de la femme Dugourd pour garantie du paiement. Ce fait détermina à regret Coulon à payer la somme dont nous venons de parler. Tous trois se dirigèrent alors sur la place de la Madeleine, où Coulon fit une chute. Tandis que Scheibel cherchait à le relever, Goux se sépara d'eux pour ne plus les rejoindre. Toutefois, ce dernier, curieux de savoir ce que deviendraient ces deux individus, qui paraissaient être dans l'ivresse, et surtout Scheibel, se plaça devant une boutique peu éloignée de là, et les vit gagner rapidement le pont de la Madeleine, d'où ils se rendirent dans la rue Poitune. Dès ce moment Goux les perdit de vue, et prit la direction de la place Labourée, pour se rendre dans la rue de Glères, où il demeure ; neuf heures sonnaient alors à l'horloge de la Madeleine.

A la même heure, plusieurs témoins ont vu deux individus paraissant pris de vin, et dont le signalement se rapporte parfaitement à celui de Coulon et de Scheibel, se rendre à l'extrémité de la rue Poitune ; après s'être arrêtés quelques instants au commencement de la rue du Collége, ces deux individus, dont l'un a été reconnu pour être l'accusé Coulon, remontèrent la rue Poitune, et, lorsqu'ils la parcoururent, on entendit l'un d'eux réclamer plusieurs fois à l'autre la somme de *huit sous*. On remarqua que le plus grand des deux, et c'était l'accusé, portait sous son bras un objet qu'on avait pris pour un sac, et qui devait être le pantalon acheté par lui dans la soirée. On les vit quitter la rue Poitune et prendre la direction du pont. Quand ils se trouvèrent à peu près au milieu de ce pont, on entendit l'accusé dire à celui qui l'accompagnait: *Si je n'étais pas aussi saoûl, je te ferais sauter au dessus des tours de la Madeleine.* A quoi l'autre aurait répondu : *Ne parlons pas de cela.* Peu d'instants après, ils étaient contre la balustrade du pont, à gauche, en allant de la Grande-Rue à Battant ; on entendit alors les mots : *Y es tu?* et un autre répondit : *Oui,* et immédiatement après un corps lourd tombait dans la rivière du Doubs. Des cris: *Au secours ! à la barque !* furent immédiatement poussés du milieu de la rivière. Plusieurs habitants des quais, appelés à leurs fenêtres par ces cris, virent distinctement un homme se débattre et entraîné ensuite par le courant. Au même moment, on avait aperçu un homme regardant derrière lui si personne ne l'avait vu, se dirigeant du pont du côté de la Madeleine.

Cet inconnu était Coulon. — Voilà les faits qui l'amenaient devant la cour d'assises ; Coulon a été condamné, pour meurtre avec circonstances atténuantes, à six années de réclusion et à l'exposition.

COUR D'ASSISES DE LA SEINE.

PRÉSIDENCE DE M. DE VERGÈS.

Audience du 2 mai 1844.

AFFAIRE HAMEL.

Vol domestique. — La servante maîtresse.

L'accusée qui vient s'asseoir sur le banc des assises est une jeune fille d'une physionomie très douce et d'une blancheur éclatante, elle est vêtue de noir, et semble plus préoccupée du soin de sa pudeur que de la honte du crime qui lui est reproché. Elle déclare s'appeler Elisa-Augustine Hamel, 21 ans, née à Cherbourg.

Après la lecture de l'acte d'accusation, M. le président procède à l'interrogatoire.

D. A quel époque êtes-vous arrivée à Paris ? — R. Au commencement de l'année dernière.

D. Vous êtes entrée au mois d'avril dans la maison du sieur Jeanne, marchand boulanger, rue Neuve-Traverse, nº 1 ? — R. Oui, monsieur, en qualité de domestique.

D. Il paraît que vous y fûtes traitée avec une bonté extrême tant par le sieur Jeanne que par sa femme ? — Hélas ! oui, il aurait mieux valu que j'eusse été moins soignée par monsieur.

D. Quels étaient vos gages dans cette maison ? — R. Je gagnais un franc par jour, et j'avais la table que monsieur m'avait offerte sans que cela eût été convenu.

D. Le 13 mai dernier un billet de 1,000 fr. disparut dans la maison où vous serviez.

L'accusée se met à fondre en larmes.

M. le président : Voyons, répondez; nous comprenons que ce souvenir doive réveiller vos remords; mais songez que la vérité est le seul moyen d'intéresser vos juges en votre faveur.

L'accusée : Si je pleure de ce billet, ce n'est pas pour l'avoir volé.

D. Oui, vous avez prétendu que ce billet, était le prix de vos faveurs accordée à votre maître; mais, prenez garde ce système est familier aux accusés qui se trouvent dans votre cas; mais il est moins utile que dangereux. C'est votre droit de vous défendre, mais ne vous défendez pas en calomniant.—R. Je dis la vérité devant le bon Dieu, et je la dirai encore devant celui qui m'accuse.

On introduit le sieur Jeanne. C'est un monsieur d'une pétulance extrême, très brun et vêtu de noir, avec une recherche qui est loin de se rapporter avec sa profession de boulanger. Il raconte, en des termes fort prolixes, les circonstances dans lesquelles s'est opérée la disparition du billet de 1,000 francs. Trois semaines, dit-il, après avoir perdu ce malheureux billet, l'accusée sortit de ma maison prétendant que des affaires de famille la rappelaient dans son pays. C'est à ma femme, un jour que j'étais absent, que la fille Hamel annonça son départ. A peine je l'appris que je me mis à sa poursuite. J'arrivai à Rouen; je pris des informations, et aux dépenses qu'elle avait faites, je ne doutai pas qu'elle n'y eût fourni avec le billet volé. De Rouen, j'allai à Cherbourg ; je portai plainte, et bientôt cette fille fut arrêtée. Je dois dire qu'au moment de l'arrestation, cette malheureuse se jeta à mes pieds, fondant en larme, me demandant grâce au nom de sa vieille mère, qui était présente ; mais je fus et je dus être inflexible, d'abord parce que j'avais su que la fille Hamel avait essayé de faire planer des soupçons sur mon frère, ensuite parce qu'elle prétendait que je lui avais donné le billet pour la payer de ses faveurs, moi marié, père de famille, ayant un établissement, et enfin tout ce qu'il faut pour recommander un honnête homme à l'estime de ses voisins et de ses concitoyens.

M. le président : Ces sentiments sont fort louables, mais pourquoi avez vous sollicité et obtenu une entrevue avec cette fille dans sa prison ?

Le témoin : C'était pour la porter à dire toute la vérité.

L'accusée : Oui, et pour me reprocher aussi de vous avoir quitté, en me disant que, si je voulais, il y avait encore moyen de tout arranger, et en attendant, c'est vous qui êtes cause de tout ce malheur, et surtout que ma pauvre maman soit morte.

Le témoin : Que nos juges prononcent entre nous.

M. le président : Ainsi, vous articulez nettement que vous n'avez pas donné le billet à l'accusée.

Le témoin : Oh ! pour cela, nettement, non.

L'accusée : Mon Dieu! si l'on peut dire! (Elle sanglotte).

La dame Jeanne, femme du précédent témoin, rend compte seulement de la disparition du billet.

La dame Clément, propriétaire, dépose que plusieurs fois, la fille Hamel lui avait parlé des entreprises de plus en plus hardies de son maître. Un jour c'était vingt francs qu'il lui offrait en lui prenant la taille; un autre jour c'était des bijoux en cherchant à l'embrasser. Moi, dit le témoin, je lui disais : « Mais si c'est ainsi, sortez de cette maison; il vaut mieux encore être sans place que sans honneur.

M. le président : Quelle était votre opinion sur la moralité de cette fille ?

Le témoin : Je la croyais aussi honnête qu'aujourd'hui encore elle en a l'air.

M. l'avocat général de Thorigny soutient l'accusation.

Mᵉ Arronsohn présente la défense.

M. le président résume les débats.

Au bout d'un quart d'heure de délibération le jury rapporte un verdict négatif.

En conséquence, la Cour prononce l'acquittement de l'accusée qui se lève en joignant les mains devant la Cour et en s'écriant : Merci! mes bons messieurs, merci! Elle se retire, et on l'entend dire : Mon Dieu! ma pauvre maman qui est morte de chagrin, et qui ne saura pas que j'étais innocente.

Quelques jurés entourent le défenseur auquel ils offrent de faire une collecte pour cette malheureuse fille.

COUR D'ASSISES D'ILLE-ET-VILAINE.

Audiences des 13, 14, 15 et 16 mai 1844.

AFFAIRE GAUTHIER.

Accusation de parricide. — Complicité du mari et de la femme.

Cette affaire qui depuis longtemps préoccupe vivement l'attention publique, tant par l'énormité du crime que par le mystère qui couvre encore cet œuvre de sang et tient la décision suspendue jusqu'à la solution des débats, a déjà été appelée à la dernière session. Gauthier qui comparaissait seul alors, avait reporté l'accusation de meurtre sur un nommé Bougeard, qui fut arrêté après de longue et inutiles recherches et fut confronté avec l'accusé. Cet incident qui fit renvoyer le procès, après l'audition de plusieurs témoins, a eu pour résultat, d'une part, la condamnation de Bougeard à 6 années de travaux forcés, l'alibi qu'il invoquait ayant fait découvrir un second mariage illégitime ; de l'autre un supplément d'instruction qui a dévoilé de nouvelles charges contre Gauthier et amené l'arrestation de sa femme comme complice du parricide. Elle est assise aujourd'hui auprès de son mari sur le banc des accusés. Soixante-douze témoins sont appelés à déposer, et remplissent l'enceinte réservée qui a été agrandie pour ce débat important et contient à peine ce nombre inusité de témoins.

La cour d'assises est présidée par M. le Conseiller ERNOUL DE LA CHENELLIÈRE.

M. le procureur-général PLOUGOULM occupe le siége du ministère public

Mᵉ GRIVART pour Gauthier et Mᵉ MEAULLE pour sa femme accusée de complicité, sont au banc de la défense.

Gauthier principal accusé est un homme d'une trentaine d'années, aux cheveux noirs, aux traits réguliers, en qui la physionomie et toute la constitution annoncent une énergie singulière et une inébranlable résolution. Tel il est sur le banc de la cour d'assises, tel il a été pendant toute l'instruction, impassible, toujours ce même regard assuré, toujours ce visage calme et résolu, cette parole brève et nette. C'est bien là l'homme qui se vante de n'avoir jamais pleuré.

Quant à sa femme, elle fait contraste avec lui ; autant le caractère de la tête du mari est remarquable, autant les traits de sa femme sont communs et même ignobles.

Après les premières formalités d'usage, M. le greffier donne lecture de l'acte d'accusation d'où résultent les faits suivants :

Une vieille femme presque septuagénaire Perrine Texier, veuve Gauthier, habitait seule, au hameau de la Ville-Glemot, une maison isolée sur la lisière de la forêt de Montauban (Ille-et-Vilaine). Le 2 mars 1843, vers quatre heures du soir, les enfants Perdriel, ses voisins qui la visitaient fréquemment ayant poussé la porte de son domicile qui était entrouverte, s'enfuirent effrayés à la vue d'un cadavre. Leurs parents accoururent à leurs cris, pénétrèrent dans la maison et reculèrent eux-mêmes d'horreur devant le spectacle affreux qui avait effrayé leurs enfants. Le cadavre de la veuve Gauthier était étendu sanglant et mutilé sur le sol, entre le lit, la table et le foyer. D'après l'examen des lieux et les investigations auxquelles on se livra tout fit présumer que l'assassin, après s'être introduit dans la maison, l'avait frappée dans son lit d'un coup de fourche; grièvement blessée, elle s'était jetée dans la ruelle du lit, et s'était glissée dessous; l'assassin avait alors dérangé un banc-coffre rempli de grain placé devant ce lit; puis arrachant cette pauvre femme de l'endroit où elle s'était réfugiée et la traînant jusqu'au milieu de la chambre, il l'avait achevée à coup de *tranche*.

La fourche et la tranche dont on s'était servi appartenaient à la victime et avaient été prises dans la maison; le sang avait jailli sur les murailles et des cheveux sanglants encore attachés aux meubles attestaient les efforts de cette femme qui, se débattant entre les bras de son assassin, se cramponnait à tous les meubles. Le crâne était brisé, et un chat, seul créature qui vécut avec elle, lui avait mangé une partie du cerveau après le départ de l'assassin.

Une armoire avait été ouverte sans effraction; une somme de 65 fr., placée dans cette armoire, et quelques effets mobiliers avaient été enlevés, sans que le reste du linge fût dérangé ou taché de sang. On trouva la clé de la maison aux pieds du cadavre, et la barre de la porte du côté de la campagne jetée auprès du seuil.

Quel était l'auteur de cet acte insigne de cruauté? Qui avait pu lever une main homicide sur une femme vieille et inoffensive, aimée de ses voisins, sans ennemis dans le pays? Des voleurs étrangers l'auraient facilement dépouillée sans commettre un meurtre inutile. Pour arriver à l'exécution du crime, il avait fallu connaître la disposition des lieux; pour ouvrir la porte sans effraction, il fallait savoir que la barre transversale qui la défendait pouvait s'ébranler et se détacher du mur; pour mettre la main sur l'argent sans rien déranger dans l'armoire, il avait fallu en connaître la position précise. La conscience publique fut indignée et désigna énergiquement le fils comme le meurtrier de sa mère.

L'accusation semblait écrite à la porte même de Gauthier: des empreintes de pas, remarquées dans l'intérieur de la cour et suivies avec une minutieuse attention, se retrouvaient à quatre-vingt mètres du chantier où Gauthier travaillait dans la forêt, et aussi dans le voisinage de sa demeure, sur un talus distant de quelques mètres de son domicile. Ces empreintes, par leur forme et la différence du développement, indiquaient, dans l'intérieur de la cour, le passage d'un homme et d'une femme. Les traces de l'homme étaient remarquables par la forme d'un gros clou placé sous l'orteil du pied droit, et d'un sous-pied en corde replié sur lui-même et appliqué sous le pied gauche. Lors des perquisitions, les souliers de Gauthier furent saisis. Cette chaussure avait exactement les mêmes dimensions que celles des empreintes figurées sur le sol ; mais la comparaison de la forme et des clous était impossible, les talons ayant été séparés et les clous récemment arrachés des souliers. On saisit aussi des guêtres encore un peu humides et tachées de boue. Une seule, celle du pied gauche, avait un sous-pied de corde, noué au milieu, et qui s'adaptait parfaitement sur quelques-unes des empreintes. Les souliers de la femme Gauthier n'ont pas été saisis ; elle a maintenu qu'elle n'en possédait pas.

Un bonnet de laine grise, laissé par les assassins entre les jambes du cadavre, fut encore signalé comme un indice accusateur, des témoins ayant affirmé avoir vu Gauthier porter quelquefois ce genre de coiffure.

Cependant, la conduite de Gauthier à l'égard de sa mère, les menaces proférées contre elle, les pressentiments de cette femme et ses plaintes fréquentes sur les procédés de son fils, l'attitude de celui-ci à la nouvelle du crime, toutes ces circonstances se réunirent pour diriger les soupçons.

La veuve Gauthier, irritée de la conduite de son fils envers elle et d'une union qu'elle avait désapprouvée, avait manifesté l'intention de le déshériter. Aussi, la colère et la cupidité de celui-ci, surexcitées quand il la vit vendre un immeuble pour en placer le prix, ne connurent plus de bornes. « Ma mère ne veut pas me donner de l'argent, disait-il à différentes personnes ; elle ne mourra que de ma main ! » Un an avant le crime, il disait encore : « Ma mère mériterait un coup de tranche dans la tête ! » Et quinze jours avant le meurtre : « Ma mère et ma belle-mère m'ont mis à ruine ; je ne leur pardonnerai jamais. »

Après la découverte du cadavre, quand on vint l'avertir du malheur que tout le monde déplorait : « Vous voulez encore m'attrapper, » dit-il, et, au lieu d'accourir avec l'empressement d'un fils auprès des restes de sa mère, il retourna chez lui pour changer son pantalon, s'il faut l'en croire, et entré dans la maison où sa mère était étendue dans son sang et défigurée par d'horribles blessures, il en supporta la vue sans verser une larme.

« Ma mère ne valait rien, disait-il le jour même de la nouvelle qui affligeait tout le pays ; elle a fait mourir mon père de chagrin ; on l'enterrera comme un chien. »

La veuve Gauthier elle-même l'avait en quelque sorte accusé de sa fin tragique, en racontant à une de ses voisines ses pressentiments et ses craintes. « Il sort d'ici, il y a cinq minutes, disait-elle un jour. Je lui ai fait quelques remontrances ; il s'est emporté et m'a adressé des paroles menaçantes : « Il y a longtemps, » m'a-t-il dit, que tu devrais être étranglée. » J'ai peur chez moi. Malheureusement, il va devenir mon voisin, en venant habiter les Ferrières. Je ne mourrai que de sa main. »

Les traces laissées dans la cour de la veuve

Gauthier indiquaient déjà la présence d'une femme sur le lieu du crime. La nature des objets enlevés de l'armoire, et consistant exclusivement en vêtements de femme, le poids du banc-coffre rempli de grains, et qui ne pouvait facilement être soulevé par l'effort d'une seule personne, toutes ces indices confirmaient les premiers soupçons de complicité. Ces soupçons se changent en certitude pour l'accusation au récit des paroles attribuées à la femme de l'accusé.

Dans le mois de mars 1843, cette femme causait avec la femme Clément, en présence d'un autre témoin : « Ceux qui ont volé les effets feraient bien de les reporter et de les jeter par la fenêtre, » disait la femme Clément. L'accusée répondit : « Celui qui a fait cela ne s'attendait pas à être arrêté sitôt. » Puis, se reprenant aussitôt : « Comme il ne l'est point, il est peut-être bien loin maintenant, » ajouta-t-elle.

Sur l'observation qui lui était faite que les gendarmes avaient écouté à sa porte pour surprendre quelques paroles délatrices, elle dit aux mêmes témoins : « Je disais bien à Jean que nous étions écoutés. Au reste, si nous avions fait cela, nous vous le dirions bien, à vous autres. » Un jour, deux témoins plaignaient la femme Gauthier et disaient qu'elle avait dû se débattre longtemps sous les coups des assassins : « Ah ! mon Dieu ! se débattit-elle, se débattit-elle ! » répondit l'accusée, et au même instant, ajoutent les témoins, elle changea de couleur et se retira.

« Ils soutiennent que le pantalon qu'ils ont trouvé a été lavé, disait-elle une autre fois ; cela n'est pourtant pas vrai. Il me semble bien l'avoir lavé ; mais c'est avant qu'il tuât sa mère, » et se reprenant aussitôt : « Avant que sa mère eût été tuée, puisque tout le monde dit de même. » Le lendemain, elle recommanda à la personne qui l'avait entendue de ne rien dire, pas même à son frère, en ajoutant qu'elle s'était trompée dans un endroit.

Enfin, le dimanche qui précéda la Saint-Jean 1843, causant chez elle avec un nommé Pillois de l'assassinat de la veuve Gauthier, et celui-ci lui disant que, sans ce malheur, sa belle-mère aurait vécu longtemps, elle répondit : « Ah ! mon pauvre gars ! elle se débattit bien aussi pour mourir ; mais elle ne se débattit pas tant quand elle eût reçu le coup de tranche. » Pillois lui fit alors remarquer l'imprudence de ses paroles et lui dit que, s'il était méchant, il pourrait lui faire couper le cou. « Mon pauvre gars, n'en dis rien à personne, reprit alors l'accusée ; je parle quelquefois à la volée, sans savoir ce que je dis. » Elle ajouta qu'elle avait bu un coup, qu'elle avait de bon cidre, et elle proposa au témoin de lui en faire boire, proposition qu'il refusa.

La première audience a été consacrée à l'interrogatoire des accusés : ils nient énergiquement toute participation au crime reproché. La femme Gauthier dément tous les propos qui lui sont attribués. Le lendemain, on procède à l'audition des témoins.

Les premiers témoins entendus font connaître l'état des lieux au moment de la découverte du crime.

Clémenceau, brigadier de gendarmerie, déclare que Gauthier, prévenu de la mort de sa mère, au lieu d'aller chez elle, fit un long détour pour rentrer chez lui.

L'accusé : Je suis passé par les Ferrières, parce que je voulais y déposer un sac et un plat que j'avais à la forêt, et puis d'ailleurs, je voulais changer de vêtements ; ceux que je portais au travail n'étaient pas convenables pour aller faire les courses que nécessitait la mort de ma mère. Il fallait bien que j'allasse à Quédillac.

M. le président : Eh bien ! y êtes-vous allé à Quédillac ?

L'accusé : Non, pas le soir.

M. le président : N'était-ce pas plutôt parce que votre femme avait vu les gendarmes arriver, qu'elle était accourue vous prévenir à la forêt, et ne vous rendiez-vous pas aux Ferrières pour faire disparaître quelques traces du crime qui vous auraient trahi ?

L'accusé : Non, monsieur ; j'ai dit la vérité.

M. le président : Votre conduite est bien inconcevable : on vous apprend la mort de votre mère, et au lieu de courir à l'endroit où elle vient de mourir, vous allez froidement chez vous changer de vêtements et ne pensez qu'à la faire enterrer.

L'accusé : C'est comme cela. Je dis la vérité ; si je disais autrement, je mentirais.

L'huissier appelle le troisième témoin, Mathurin Labbé, gendarme à la résidence de Sain t-Méen.

Ce témoin dépose des mêmes faits que le précédent; puis il ajoute :

« J'ai appris, le 8 de ce mois, un propos tenu par la femme Gauthier à sa sœur. C'est Perrine Texier, sœur de la victime, qui me l'a raconté; elle disait : « Si je ne suis pas rendue avant les gendarmes chez ma mère, nous sommes tous perdus. »

M. le président : Quelle induction avez-vous tirée de cette parole?

Le témoin : J'ai pensé que les objets volés avaient été déposés chez la mère de la femme Gauthier, et que si nous arrivions avant elle, nous aurions pu les trouver. Elle avait donc intérêt à s'y présenter avant nous pour les faire disparaître. Je crois, au reste, encore aujourd'hui que ces objets ont été cachés en cet endroit.

La femme Gauthier : Ce n'est pas vrai; je n'ai jamais dit cela.

M. le président : Le témoin ne peut pas avoir inventé ce propos; on le lui a rapporté nécessairement.

Gauthier : Puisqu'il faut que ceux qui ont tort aient raison, je ne répondrai plus.

M. le président à la femme Gauthier : Expliquez-vous; cela est important.

La femme Gauthier fond en larmes et s'écrie : Je ne répondrai pas; je ne dirai plus rien. Faites ce que vous voudrez.

Au nombre des pièces saisies dans la cham-

‥re de la victime, on avait saisi un bonnet qui ne lui appartenait pas et qu'elle semblait avoir arraché, en se débattant, à la femme qui assistait le meurtrier. L'accusée nie que ce bonnet fût à elle. Comme plusieurs cheveux ont été trouvés dans la coiffe, la Cour nomme une commission d'experts chargée d'examiner ces cheveux, de les comparer à ceux de la femme Gauthier, dont une mèche est coupée à cet effet. MM. Malaguti, professeur de chimie à la Faculté des sciences, Fruva et Colliaux, coiffeurs, sont désignés pour ces fonctions.

A la fin de l'audience, la commission a terminé son rapport, qui a été lu par M. Malaguti. M. Malaguti avait procédé comme chimiste; MM. Fruva et Colliaux donnaient leur avis comme praticiens.

Les conclusions de ce rapport sont que, pour la couleur et le toucher, il y a identité parfaite entre les cheveux de la femme Gauthier, servant d'objet de comparaison, avec ceux trouvés dans le bonnet; que, pour la grosseur, il y avait probabilité seulement. Des expériences miscrocopiques avaient été employées pour arriver à ces résultats. Quant à la longueur, il n'y avait rien de positif, les cheveux actuels de la femme Gauthier pouvant différer de ce qu'ils étaient il y a près de quinze mois. D'ailleurs, tous les cheveux ne sont jamais de la même longueur. Les deux coiffeurs affirment que leur expérience les met à même de pouvoir reconnaître comme ayant appartenu à une femme les cheveux trouvés dans le bonnet. M. Malaguti déclare qu'il lui est impossible de s'unir, à cet égard, aux autres membres de l'expertise. Enfin, tous terminent en disant qu'il est possible que les cheveux du bonnet soient des cheveux de la femme Gauthier, mais qu'ils ne peuvent assurer si cela est ou n'est pas. Ces cheveux sont en effet d'une couleur que l'on rencontre très souvent, et beaucoup d'autres chevelures peuvent présenter tout à fait les mêmes caractères.

Après cette opération, l'on continue l'audition des témoins.

Jean Pérou, cultivateur, dépose ainsi : J'ai un champ voisin de la maison de la veuve Gauthier. J'y travaillais le 2 mars, et comme j'aime beaucoup à fumer, je regardais souvent si elle ouvrait la porte de sa maison. J'avais le désir d'allumer ma pipe, et je fus surpris de ne pas voir cette femme dans le cours de la journée. Vers quatre heures, j'entendis crier les enfants Perdriel. Je n'y pris par garde d'abord, croyant que leur père les corrigeait ; comme leurs cris continuaient, j'accourus, et ils me prévinrent qu'ils avaient vu un cadavre étendu dans la maison de la veuve Gauthier. Craignant de rencontrer encore les meurtriers, nous entrâmes de front, Perdriel et moi, et là nous reconnûmes le cadavre de la veuve Gauthier, quoiqu'il fût défiguré. Il n'y avait rien de brisé à la porte, ni dans l'intérieur. On avait ouvert l'armoire en tirant les battants avec force. Sur la table se trouvait une écuelle à moitié remplie de cidre. Je pensai que l'assassin avait eu le courage de boire après avoir achevé sa victime.

Je fis remarquer à Perdriel les traces de pas qui se trouvaient dans la cour. On distinguait les pas d'un homme et ceux d'une femme. Les traces de l'homme portaient l'empreinte d'un gros clou placé sous le bout du pied droit. Les souliers devaient être vieux et réparés. Les traces de la femme se trouvaient près de la porte ; on en retrouvait une près une brèche dans un champ en face de la cour. Elles étaient reconnaissables par des mailles petites et rondes comme en portent les femmes, et elles avaient moins de développement que celles de l'homme. Pendant la nuit je gardai le cadavre avec Perdriel et le cantonnier que le maire avait conduit avec nous. Le cantonnier nous dit : Je crois que ceux qui ont fait le coup ne demeurent pas loin d'ici, et bien certainement ils vont tourner autour de nous pendant la nuit. »

Au même instant j'entendis du bruit et je recommandai à mes compagnons de prêter l'oreille. J'avais entendu ce bruit le long de la maison, auprès de la fenêtre. Nous sortîmes, et comme nous n'étions pas rassurés, nous tirâmes un coup de fusil en l'air. Je recommandai de ne pas marcher dans l'endroit où je supposais que l'on avait passé. Le lendemain des traces nouvelles et exactement pareilles à celles de la veille se trouvaient auprès de la fenêtre. On les suivait jusque dans une petite étable qui se trouve auprès de la maison.

Je me trouvais chez la veuve Gauthier au moment où son fils y arriva. Je dis à mes compagnons, quand on l'annonça : « Faites attention : si c'est lui qui a fait le coup, il va fixer ses regards sur la tranche et sur la fourche qui ont servi au meurtre. » Il entra et ses regards se portèrent successivement sur la tranche et sur la fourche. (Mouvement.)

M. le président, à l'un des gendarmes appelés comme témoin : Vous avez arrêté l'accusé. Quel a été son attitude lors de son arrestation ? — R. Quand Gauthier fut arrêté nous le conduisîmes sous le hangar même qui se trouve auprès de la maison de sa mère. Il voulut boire et manger. Il fut servi, et pour essayer l'impression que pouvait faire sur lui la vue des objets qui devaient rappeler le meurtre, j'eus soin de laisser exposés devant lui les linges et les autres objets ensanglantés ; il but et mangea sans y faire attention (Sensation).

Après l'audition de plusieurs témoins qui confirment les propos tenus par la femme Gauthier après la mort de sa belle-mère sur la culpabilité de son fils, l'audience est renvoyée au lendemain 15 mai.

A cette audience, on continue l'audition des témoins.

Anne Pestel : Le 29 décembre 1842, j'allai à la forêt chercher du bois mort ; j'aperçus près de sa porte la veuve Gauthier qui pleurait. « Qu'avez-vous donc? lui demandai-je. — Bien du chagrin, me répondit-elle ; ma destinée ne sera pas longue : mon fils m'a dit qu'il me tuerait avec une bêche ou une tranche ; je ne mourrai que de ses deux bras !... —Oh! ai-je repris, sa femme l'en empêcherait. — Sa femme, elle est encore pire que lui. » J'eus le cœur transi d'entendre cela.

L'accusé : Ce n'est pas vrai; ma mère n'a pas pu dire cela.

La femme Gauthier : C'est une méchante fille, une langue d'aspic, qui veut mettre tout le pays à feu et à sang; tout le monde la connaît.

M. le président interroge différents témoins, et entre autre les gendarmes de Montauban, qui donnent d'excellents renseignements sur la moralité d'Anne Pestel.

Julien Frabau : Je causais dans un champ avec Gauthier, dans le mois d'octobre 1842; il me dit : « Ma mère ne mérite qu'un coup de tranche! — Pourquoi parles-tu de même? repris-je. — Parce qu'elle vend son bien. »

L'accusé : Je n'ai même pas vu le témoin dans ce temps-là; c'est un faux témoin.

Colombel : Gauthier m'a dit au mois septembre 1842 que sa mère ne mourrait que de ses deux bras, et qu'il en tuerait trois, sa mère, sa belle-mère, et sa femme qui ne valait pas mieux que les autres. Nous étions seuls alors.

L'accusé Gauthier soutient qu'il n'a pu tenir ce langage, attendu qu'il ne s'est jamais trouvé seul avec le témoin. Un nommé Guy Epagneul se trouvait dans leur compagnie. Guy Epagneul, entendu, dit qu'il est vrai qu'il s'est trouvé avec eux, mais qu'il les a quittés et laissés ensemble le jour où ces paroles ont dû être prononcées.

La femme Gauthier : Si les témoins à décharge deviennent des témoins à charge, tant pis pour eux : ils auront plus à répondre.

René Besnard, facteur de la poste : J'ai apporté une lettre du port de 10 centimes à la femme Gauthier, le 25 février 1843; elle n'avait pas d'argent. Elle m'a proposé de la laisser cependant, et qu'elle la paierait bientôt, « attendu, dit-elle, que dans quinze jours ou trois semaines nous aurons de quoi payer tout le monde. »

La femme Gauthier : Je ne voulais pas parler de toutes nos dettes, mais des plus pressées, mon mari devait recevoir à cette époque plus de 60 fr., produit du travail qu'il avait entrepris.

Joseph Dayot, débitant de tabac à Saint-M'Hervan · Le 1er mars 1843, un coin en fer fut volé chez moi, je ne sais par qui; je l'ai retrouvé plus tard chez Julien Pellois, qui l'avait acheté 12 sous d'un étranger, le jour même du vol.

M. le procureur-général expose en peu de mots à MM. les jurés que la femme Gauthier rejette aujourd'hui sur l'étranger qui a vendu le coin à Pellois le meurtre de sa belle-mère.

Il résulte des débats, qui continuent, que cet étranger a dit à Julien Pellois qu'il se nommait Duval, qu'il venait de Médréac, et que ce coin lui avait été donné par une personne pour en faire un marteau. Au mois de janvier, ce même individu, à figure remarquable par un collier de barbe, vêtu alors d'une veste, d'un pantalon de drap bleu, ayant des guêtres et portant une règle comme en ont les ouvriers charpentiers et menuisiers, avait déjà passé dans le pays, se rendant du côté de Médréac. Le 1er mars, il reparut, son costume était le même, sauf le pantalon de drap, remplacé par un pantalon de toilé. Il venait cette fois du côté de Médréac, et se dirigeait vers Montauban ; il passa par les Ferrières et par la Ville-Glemot. Il fut vu par quatre témoins, et parla à plusieurs, notamment à Pellois, à qui il vendit le coin, soustrait le même jour chez Joseph Dayot. C'est cet étranger que l'on a tant cherché, et que l'on avait, d'après le signalement, supposé être Pierre Bougeard.

Depuis son arrestation, la femme Gauthier a dit que c'était un nommé Cherel, de Lanrelas; qu'elle en était certaine, le nom de Duval qu'il avait pris à son passage étant évidemment un faux nom.

La justice a employé tous les moyens possibles pour venir en aide à la défense des accusés. Elle a donc recherché tous les Cherel de ce canton; elle n'en a trouvé que quatre. Elle les a fait venir tous chez le juge, et les a confrontés avec les témoins qui ont vu l'étranger et qui lui ont parlé. Ces témoins ont été unanimes dans leurs déclarations : aucun de ces Cherel ne ressemble à l'étranger; ils n'en ont jamais vu aucun, et en effet aucun d'eux n'avait de sa vie pénétré dans la commune de Quédillac.

Une seconde confrontation des quatre Cherel avec les témoins a lieu à la Cour d'assises, sous les yeux de MM. les jurés, et le résultat est le même.

Joseph Leray : La veuve Gauthier m'a rapporté que son fils lui avait dit qu'elle ne mourrait jamais que de ces deux bras. Comme je le
connaissais pour voleur je me défiais beaucoup de lui. Il me devait de l'argent ; je me
rendis chez lui un dimanche soir pour le lui
demander. Il n'était pas là ; sa femme me fit
attendre. Il ne revint qu'à plus de onze heures du soir, et me compta 6 francs. Comme la
nuit était obscure, il m'indiqua le chemin le
plus court pour retourner chez moi. Je ne lui
dis rien, mais je pris une autre route beaucoup plus longue: je craignais qu'il ne fût à
m'attendre sur celle qu'il m'indiquait et me
fît un mauvais parti.

Marie Colombel : Jean Gauthier était chez
nous un soir. Il nous dit devant quatre ou
cinq personnes que sa mère était une vieille
b....., que si elle était *assotie* de coups de
tranche il n'en pleurerait pas. On lui dit :
« Pourquoi criez-vous contre elle ? — Elle a
de l'argent. — Est-ce que vous n'aurez pas
tout à son décès ?—Je l'aurai peut-être avant.»
C'était au mois de novembre 1841.

L'accusé Gauthier : Ce n'est pas vrai, ce
sont de faux témoins. Je ne ferai plus attention, je n'écoute plus ce qu'ils disent. Quand
je serais prêt à mourir, ils mentent.

La femme Bouttier : Un jour je dis à la
femme Gauthier : « Elle a bien dû se débattre, ta belle-mère, avant de mourir. — Oh!
se débattit-elle, se débattit-elle! quand j'y
pense, j'en tremble encore, » répondit cette
femme. Puis tout à coup elle changea de cou-

leur, devint rouge écarlate, et s'enfuit sans rien dire de plus. J'étais alors en compagnie d'Anne Chambigot.

Anne Chambigot fait la même déclaration.

M. le procureur-général: Etes-vous bien sûre qu'elle ait dit: « Oh! se débattit elle! j'en tremble encore? » N'aurait-elle pas dit: « Elle a dû bien se débattre? » — R. Non, elle a dit les propres paroles que j'ai rapportées.

M. le procureur-général : Qu'avez-vous pensé?

Anne Chambigot : J'ai pensé que si elle n'avait pas été là, elle n'aurait pas pu dire cela.

La femme Gauthier : Tout cela n'est pas vrai ; je n'ai pas rougi, je ne rougirai pas, je ne dois pas rougir.

L'accusé Gauthier : Si les témoins veulent mettre quelqu'un dans la peine, j'aimerais mieux être seul, quoique nous soyons innocents tous les deux.

Mathurine Lemoine, femme Clément : Dans le mois de mars 1843, quelques jours après le crime, comme la femme Boutier, en ma présence, et devant Jeanne Dubois, disait à la femme Gauthier que si elle l'avait commis elle irait pendant la nuit rejeter les effets volés par la fenêtre dans la maison, celle-ci répondit que celui qui avait fait le coup ne s'attendait pas à être si tôt ramassé. Puis se reprenant après quelques instants, elle ajouta: « Comme il ne l'est pas aussi ; il est sans doute bien loin. » Il y avait déjà quelques jours que son mari était arrêté.

Une autre fois, Jeanne Declais, Perrine Delorme, les époux Moulet et moi, étant ensemble, nous rapportions à la femme Gauthier que les gendarmes étaient allés écouter à sa porte ce que disaient elle et son mari ; elle s'écria : « Je le disais bien à Jean ; il parlait toujours trop haut. » Le 2 mars, j'ai vu la mère de la femme Gauthier sortir des Ferrières ; elle avait la tête enveloppée d'un capot, et pourtant il ne faisait pas froid.

La femme Gauthier : Ce n'est pas vrai. Il y avait plus de deux mois qu'elle n'y était venue, et elle n'y est pas encore venue à cette époque. Cette femme a fait tout ce qu'elle a pu pour venir à Rennes ; ce n'est que pour cela qu'elle fait tous ces mensonges.

Jeanne Dillais et Perrine Delorme répètent les mêmes paroles. Cette dernière ajoute :

Un jour, chez Boulais, la femme Gauthier pleurait à chaudes larmes. Je lui dis : « Vous avez bien raison de pleurer : si votre mari est coupable, déclarez-le. » Elle garda le silence. Je repris : « Quand vous auriez aidé votre mari à commettre le crime, je le déclarerais tout de même, vous épargneriez votre tête.— Ah ! s'écria-t-elle, je lui ai toujours dit : Mon pauvre homme, nous aurons le cou coupé, nous serons guillotinés, nous serons fait mourir tous les deux.... » Après un silence d'un instant, elle ajouta : « Innocemment. »

L'audition des témoins étant terminée, on a renvoyé l'affaire à l'audience du surlendemain, 17 mai.

A cette audience, l'accusation a été soutenue par M. le procureur-général Plougoulm, qui, dans un réquisitoire éloquent, résume avec des formes saisissantes tous les faits du débat, et démontre la culpabilité des deux accusés. Mᵉˢ Grivart aîné et Meaulle présentent la défense avec beaucoup d'habileté.

Après les répliques et le résumé de M. le président, le jury rend un verdict de culpabilité contre les deux accusés; il admet des circonstances atténuantes en faveur de la femme Gauthier.

Gauthier est condamné à la peine des parricides; la femme Gauthier est condamnée à vingt ans de travaux forcés et à l'exposition.

La femme Gauthier : Nous sommes innocents ; notre sang retombera sur ceux qui nous ont condamnés.

Gauthier reste calme et impassible, et entend son arrêt sans sourciller.

POLICE CORRECTIONNELLE.

M. Gustave et la Polka.

M. Gustave, étudiant en médecine, se trouvait, l'un de ces derniers soirs, au bal *Mabille*. Echauffé par plusieurs verres de vin de Champagne, il invita, pour la prochaine, la grisette la plus *chocnosophe* de l'endroit; puis, au milieu de la contre-danse, à la pastourelle, il se permit des entrechats, et certains gestes qui effarouchèrent la pudeur d'un sergent de ville. Celui-ci s'approcha de M. Gustave et lui dit :

— Jeune homme, qu'est-ce que vous nous tricotez-là?

— Hein? reprit Gustave sans s'interrompre.

— Qu'est-ce que vous nous tricotez-là?

— Je vous tricote la polka.

— La polka?

— Oui.

— Eh bien ! je vous la prohibe.

— Comment!... Prohiber la polka... Mais on la danse chez le roi...

Et M. Gustave continuait ses évolutions chorégraphiques.

— On la danse chez M. le duc de Nemours. (Ici nouveau saut de carpe).

— On la danse chez M. le préfet de police. (Ici redoublement frénétique).

Le sergent de ville, d'abord ébahi de tous

ces grands noms, s'aperçut bientôt de la mystification, et, mettant alors la main sur l'épaule de l'intrépide danseur, il arrêta son mouvement perpétuel, et lui cria d'une voix de tonnerre :

— Décidément, votre polka, je vous la prohibe... C'est la sœur jumelle du cancan.

Procès-verbal fut dressé, et M. Gustave comparaît en police correctionnelle.

Devant le tribunal, il ne persiste pas à établir une confusion illégale entre la polka, ce cancan des salons, et le cancan, cette polka des bals publics ; il exprime, au contraire, le regret qu'il éprouve de s'être livré en public à une chorégraphie trop échevelée et trop impétueuse.

Le tribunal se montre indulgent, et ne condamne M. Gustave qu'à 5 fr. d'amende.

M. Canard. — Poudre universelle. — Empirisme.

Heureux qui a la foi, le royaume des cieux est à lui, comme aussi par avancement d'hoierie le royaume de la terre. Jean Magloire Canard, rentier de 60 ans, a la foi en sa poudre, une poudre, de son invention, de sa composition, poudre applicable à tous les maux *passés, présents, futurs, nouveaux* et mieux encore, comme il va le prouver.

Cité devant le tribunal correctionnel pour

répondre de deux délits, l'exercice illégal de la médecine et de la pharmacie, ainsi que la vente de remèdes secrets, Magloire Canard, soutenu par sa foi, se fait du banc d'humiliation un banc de triomphe; il porte la tête haute et sourit orgueilleusement en relevant sa cravate et les pointes aiguës de son col de chemise.

M. le président : Vous savez, Monsieur, de quoi vous êtes prévenu?

M. Canard, avec exaltation : Je sais que je suis persécuté; c'est mon humanité qui fait de moi un martyr.

M. le président : Vous débitiez aux personnes qui s'adressaient à vous un onguent, de petits paquets de poudre?

M. Canard, de poudre souveraine, c'est vrai...

M. le président : L'événement qui a amené la saisie de votre poudre est très grave : c'est à la suite de la mort d'un homme que vous aviez traité par cette poudre. Vous n'êtes pas recherché pour le fait de cette mort, mais c'est une circonstance qui vient de nouveau prouver les dangers des remèdes secrets.

Le prévenu lève les épaules et rit aux éclats.

M. le président, sévèrement : Cela n'a rien de plaisant... et votre tenue n'est pas convenable.

M. Canard : Pardon, M. le président, je n'ai nullement l'intention de manquer au respect que je dois à la justice; mais c'est qu'il me semble si extraordinaire de me voir poursuivi pour ma poudre souveraine, qui guérit toutes les maladies, toutes les blessures, les fractures, les cassures, les foulures, les enflures, les hommes et les animaux, les femmes et les chevaux, les enfants, les chiens, les chats, etc. etc.

Pour ce qui est de l'homme mort dont vous me faites l'honneur de m'entretenir, je vous dirai franchement, M. le président, que c'était un mort que je n'ai pu faire revenir, on m'a appelé trop tard.

M. le président : Cependant il a été constaté qu'il avait pris de votre poudre?

M. Canard : Eh oui! il en a pris, le malheureux, mais pas assez. Il était malade depuis vingt ans, et je l'ai mis dès le lendemain en état de vaquer à ses affaires, il est mort deux jours après, c'est vrai et c'est là son tort, car, s'il avait pu aller quelques jours de plus, il était sauvé; mais il est mort, il ne s'était pas encore assez imbibé de ma poudre.

M. le président : Vous n'êtes pas pharmacien, vous n'êtes pas médecin : vous ne pouvez pas reconnaître la nature des maladies et par conséquent l'éficacité de votre poudre?

M. Canard : Mais, M. le président, faites-moi donc l'honneur de comprendre que ma poudre, je la déclare universelle et infaillible. A l'époque du choléra, j'ai fait des prodiges, j'ai guéri tous ceux que j'ai approchés et si je voulais me flatter, je pourrais dire que j'ai rappelé à la vie des personnes mortes depuis quatre heures (on rit), oui..., des personnes mortes depuis quatre heures et plus.

M. le président : Vous concevez, Monsieur,

qu'avec cette opinion arrêtée que votre poudre est universelle et infaillible, vous pouvez faire beaucoup de mal.

M. Canard : Non, Monsieur le président, non, vrai; permettez-moi de vous prouver que je ne puis être dans l'erreur : c'est bien simple. Toutes les maladies viennent du sang; ma poudre attaque la masse du sang le corrige, le change, l'épure; il n'y a pas à se tromper. Les médecins n'attaquent pas la masse du sang, aussi ils ne chassent pas les maladies, ils les éparpillent dans le corps. Ainsi un homme qui a eu la gale, il y a quarante ans, s'il n'a pas été traité par ma poudre je déclare qu'il l'a encore; moi je travaille pour la gloire de l'humanité et le triomphe de la bonne santé.

M. le président : Oui, et en même temps vous vendez votre remède 1 fr. 50 c. la dose.

M. Canard : Je demande de l'argent aux riches, à ceux qui peuvent payer, oui; mais aux pauvres, jamais! Depuis toute ma vie, je suis le serviteur des pauvres, l'esclave des pauvres; j'en ai guéri gratis dix mille, vingt mille, je pourrais en faire venir cent mille ici, qui se jetteraient à mes pieds en m'appelant leur sauveur. Je me suis contenté d'en faire venir ici quelques échantillons de diverses maladies.

On passe à l'audition des témoins.

M. Chevalier, professeur à l'école de pharmacie, expert nommé, dépose ainsi : Chargé par M. le juge d'instruction d'analyser les remèdes saisis chez M. Canard, au nombre de deux, un onguent et une poudre, il m'a été facile de remplir ma mission quant à l'onguent, c'est l'onguent Canet dont la formule est au Codex, mais quant à la poudre, elle se composait de matières tellement réduites, tellement pilées, tellement menues, qu'il m'a été impossible d'arriver par l'analyse chimique à constater leur nature. Cette poudre a été envoyée à l'Académie de médecine, à laquelle M. Canard n'a jamais voulu soumettre sa formule ; l'Académie de médecine n'a pas pu plus que moi obtenir un résultat. Si cette poudre se composait de substances minérales, on arriverait certainement à les analyser ; mais elle se compose de substances végétales et dans le cas qui se présente, l'opération est impossible ; j'ai pu reconnaître seulement que la poudre contenait une graine oléagineuse, car toujours elle tache d'huile le papier dans lequel on l'enveloppe ; voilà tout ce que j'ai pu savoir.

M. Canard, se carressant le menton : je le le crois, Monsieur, je le crois. Ce que vous dites, M. le Chevalier est de la plus exacte vérité. Vous êtes un homme instruit, un savant, le premier pharmacien de Paris, et vous n'avez pu rien voir à ma poudre. Cela m'étonne peu ; je vous dirai, même, M. Chevalier, que cela ne m'étonne pas du tout : il y en a bien d'autres qui ont voulu l'analyser, qui auraient donné des mille francs, des millions, pour y réussir ; mais ma poudre, voyez-vous, je suis son père ; c'est une bonne fille, elle m'est fidèle, plutôt que de me trahir elle s'évaporerait dans les nuages.

Mme Bilbasse, frangeuse : J'ai pris de la

poudre de M. Canard et je m'en glorifie, il m'a préservé de la mort.

M. le président : Vous payiez quelque chose à M. Canard.

Le témoin : Sans doute, 1 franc 50 cent. par paquet et je m'en glorifie toujours.

M. Jean Vidal, maçon : J'avais mal à la poitrine et à l'estomac. J'ai pris de la poudre à M. Canard, j'en ai fait prendre aussi à ma femme, à ma fille et à mon petit garçon.

M. Canard, un enfant qui était mort, tout à fait mort, on parlait de l'enterrer.

Le témoin, et nous nous portons maintenant tous les quatre comme des anges.

M. le président : Cette poudre vous a-t-elle été donnée gratuitement ou vendue.

Le témoin : Vendue, Monsieur, vendue, j'ai le moyen de payer ; j'en ai pris pour 450 fr. (on rit).

M. le président : Vous avez donc été traité bien longtemps.

Le témoin : Pas trop, mais il est bon de vous dire que voyant le bien que ça nous faisait, nous en prenions toute la journée.

M. le président, à l'audiencier : Est-ce qu'il y a encore beaucoup de témoins ?

L'audiencier : Oui, M. le président..., quatorze..., tous à décharge.

M. le président : Eh bien, assez de témoins comme ça..., ils ont tous été sauvés par le prévenu, nous l'accordons.

Le tribunal après avoir entendu M. l'avocat du roi DE GAUJAL, en ses conclusions et la défense présentée par Mᵉ BOURGAIN, prononce

un jugement par lequel M. Canard est condamné à 500 franc d'amende et aux dépens.

M. Canard, en se retirant, c'est égal, je suis
un bienfaiteur de l'humanité.

Brégère. — Poisson du 1er avril.

Le 1er avril dernier le brocanteur Brégère a
fait un fort mauvais marché ; il a troqué une
fort mauvaise plaisanterie contre un emprisonnement préventif de plus d'un mois, et une
comparution en police correctionnelle qui a
doublé la dose.

A sept heures et demie du soir, Brégère passait devant le café tenu par le sieur Bonnet.
Le calme le plus profond régnait dans cet établissement; un habitué dormait sur un jour-
nal, deux autres achevaient silencieusement
au piquet l'enjeu d'une bouteille de cidre, et
la maîtresse de la maison tournait à de rares
intervalles les pages jaunies d'un roman de
feu M. Ducray-Duménil.

Cette profonde paix déplut à Brégère, qui
se dit : « Attendez, mes petits agneaux, je vas
vous révolutionner ; il n'est pas permis de
dormir les uns sans les autres. » Sur ce, Brégère prend sa course, se dirige vers le corps-
de-garde de la place Maubert, y entre tout
essoufflé, s'écriant : « En avant, les amis!
vite rue Galande, au café Bonnet, on se tue,
on s'égorge, on casse, on brise tout, pas une
minute à perdre ! » Et à l'instant le caporal et

quatre hommes de sauter sur leurs armes et de galoper rue Galande, précédés du brocanteur.

Jamais établissement public ne l'avait été moins qu'en ce moment. Les deux joueurs de piquet avaient terminé leur partie et s'en étaient allés; le dormeur seul persistait à ne pas s'aller coucher; on eût entendu le cri de surprise d'une mouche tombée dans une toile d'araignée.

—Où donc sont les perturbateurs? dit à Brégère le caporal.

— Ah! les lurons! ils se seront doutés du coup; ils ont filé.

Cette réponse ne suffit pas au caporal; il entra dans le café, qui ne lui parut pas le moins du monde avoir été la minute d'avant le théâtre des ravages racontés par le brocanteur. Il n'y avait rien de cassé, rien de dérangé; les quinquets, expirants et endormis eux-mêmes, éclairaient faiblement cette scène paisible, et l'habitué dormant sur le poêle était un témoin muet que la discorde n'avait pu s'ébattre en ce lieu.

La dame du comptoir, fort surprise de voir entrer chez elle la force armée, s'apprêtait déjà à demander ce qu'il fallait servir à ces messieurs, quand le caporal lui adressa sa première question.

On devine la réponse et la colère du caporal mystifié. Brégère, l'intrépide Brégère, voulut persister dans son mensonge; il soutint énergiquement qu'il y avait eu du bruit, beaucoup de bruit. Selon lui, l'habitué faisait le dormeur, la dame de comptoir la mijaurée ; mais le caporal, honteux d'avoir été joué, mit fin à la plaisanterie en plaçant Brégère entre les quatre fusiliers, et l'emmenant au poste.

Au violon, Brégère voulut changer de rôle ; il avait fait le plaisant, il essaya de singer l'ivrogne ; rien n'y fit, et le lendemain il allait en prison, recommandé par le procès-verbal du caporal.

Aujourd'hui, le brocanteur a repris le rôle de plaisant : « C'est une petite farce, a-t-il dit, que je me suis permise envers les troupiers ; je ne croyais pas qu'ils prendraient la chose au sérieux. N'importe, je m'aperçois que je m'ai trompé. N, i, ni, c'est fini ; je ne recommencerai plus, ni 1er avril, ni jamais.

Sans prendre acte de sa résolution, le tribunal a condamné le facétieux brocanteur à un mois de prison.

Héloïse. — Les suites d'une faute.

Une jeune fille très jolie, et modestement vêtue, vient prendre place sur les bancs de la 8e chambre. Elle a dix-sept ans à peine, et ses traits sont si fins, toute sa personne si mignonne, qu'on ne lui donnerait pas même cet âge. Elle est enceinte de six mois ; et sa douleur est si grande, au moment où elle se place en face du tribunal, au moment où les regards du public se portent sur elle, qu'il est facile de voir qu'elle gémit non seulement sur son propre sort, mais aussi sur celui de cet enfant, au front duquel la faute de sa mère peut imprimer dans l'avenir une tache ineffaçable.

Le sieur Louis, ouvrier bijoutier et excellent sujet, avait fait venir de son pays sa sœur Héloïse, et l'avait placée, pour apprendre l'état de brunisseuse, dans la maison même où il travaillait. Malheureusement Héloïse eut pour camarade d'atelier et choisit pour amie la fille Antoinette, l'une de ces ouvrières bohémiennes qui abandonnent souvent l'ouvrage pour la danse et les repas à la barrière. Cette liaison fut fatale à la jeune Héloïse. Antoinette l'entraîna dans les mauvaises sociétés qu'elle fréquentait; elle prit peu à peu le travail en aversion, et se jeta dans la dissipation et les plaisirs.

Dans un bal de la banlieue, qu'elle fréquentait souvent, Héloïse fit la connaissance du sieur Léon Bouchot, âgé de dix-neuf ans. Les deux amants résolurent bientôt de vivre tout à fait ensemble. Héloïse quitta son frère pour aller loger dans un hôtel de la rue Verderet, et Léon quittait tous les soirs la petite chambre qu'il occupait chez son père, marchand de nouveautés, rue Montmartre, pour aller trouver sa maîtresse.

Bientôt la jeune fille porta dans son sein un gage de cet amour coupable. Dès lors, l'attachement de Léon pour elle commença à se refroidir.

Dans le même temps, le sieur Bouchot père apprit les relations de son fils avec la jeune ouvrière, et employa tous ses efforts pour les faire cesser. Léon, poussé par les exhortations de son père et par son propre désenchantement, disparut tout à coup du domicile commun. Il y avait laissé ses effets d'habillement ; lorsqu'il les envoya chercher, il apprit qu'Héloïse était partie en les emportant.

Léon et son père allèrent faire une déclaration au commissaire de police de leur quartier, qui, après avoir pris connaissance de cette triste affaire, les engagea à n'y pas donner suite.

Dès ce jour, Héloïse fut réduite à mener la triste vie de celles qui se sont une fois écartées de la ligne du devoir.

Retenue par une fausse honte, et n'osant pas se jeter dans les bras de son frère, rougissant d'aller demander de l'ouvrage dans l'état où elle se trouvait, elle devint bientôt la proie de la misère. La faim, cette mauvaise conseillère, la poussa à voler des draps dans un garni, et à vendre une reconnaissance du Mont-de-Piété qui ne lui appartenait pas.

Dans ces circonstances, il n'y avait qu'un homme au monde dans lequel elle pût trouver de l'appui, et cet homme l'abandonnait. Cependant un faible rayon d'espoir brilla pour elle. Elle rencontra Léon ; Léon consentit à se rapprocher. Il vint une fois chez elle... mais... le lendemain... Léon retournait chez le commissaire de police auquel il avait soumis sa plainte, et le forçait à lui donner suite. Le père s'associait au fils, et déclarait au commissaire de police le vol de draps commis par Héloïse.

Héloïse fut arrêtée sur cette double dénonciation, et elle comparaît devant le tribunal correctionnel.

M. le président, à la prévenue : Pourquoi avez-vous dérobé les effets déposés chez vous par le fils Bouchot?

Héloïse : Il m'avait quittée, et comme je le savais intéressé j'emportais ses affaires pour qu'il me suivit, pour qu'il me cherchât, pour pouvoir avoir une explication avec lui. Je voulais lui parler pour son enfant.

M. le président ; Et pour les autres faits, qu'avez-vous à dire?

Héloïse, pleurant : Ah ! la misère, monsieur, la misère !

Elle retombe sur son banc.

Le frère d'Héloïse, appelé à déposer, est tellement ému, qu'il ne peut prononcer une parole. Il répète seulement en sanglottant : « Ma pauvre sœur ! ma pauvre sœur ! »

M. Lamarre, bijoutier, rue aux Ours, chez lequel la prévenue a travaillé, donne sur elle les meilleurs renseignements.

Sur une interpellation de M. le président, il déclare qu'il est prêt à reprendre chez lui la jeune Héloïse, et en avoir soin.

Me A. Roux présente la défense de la malheureuse Héloïse. Il raconte la vie si pure de cette jeune fille, jusqu'au jour où elle a eu le malheur de rencontrer Léon Bouchot. Il ajoute qu'une maladie terrible, qu'elle doit à ses relations avec lui, compromettra peut-être la vie de l'enfant qu'elle porte dans son sein.

Le tribunal a prononcé l'acquittement d'Héloïse.

En entendant ce jugement, la pauvre fille s'est évanouie entre les bras de ceux qui l'entouraient.

M. Capelle et l'Étudiant. — Après le champagne.

Dans une des soirées du dernier hiver, entre huit et neuf heures, deux ou trois jeunes gens, accompagnés d'une jeune femme, paraissant tous avoir joyeusement et copieusement dîné, faisaient la très mauvaise plaisanterie d'ouvrir les portes de toutes les boutiques devant lesquelles ils passaient. Cette espiéglerie se continuait depuis assez longtemps, et la boutique du libraire Capelle, qui dormait dans son comptoir, venait d'être à son tour ouverte avec fracas, lorsque ce libraire réveillé en sursaut et plusieurs autres marchands de la rue de l'Odéon, où se passait la drôlerie, se mirent à la poursuite de nos mystificateurs.

M. Capelle atteignit un de ces jeunes gens, qui, se retournant aussitôt et cherchant à trouver son équilibre, demanda au poursuivant ce qu'il lui voulait.

— Je veux, dit M. Capelle tout essoufflé, que vous m'expliquiez le motif de votre mauvaise plaisanterie.

— Vous repasserez demain, répondit le jeune étudiant. En même temps il repoussa assez vigoureusement le libraire, qui fut tomber à la renverse dans le ruisseau, et outre le bain froid qu'il prit, s'écorcha la hanche et le bras droit.

L'étudiant, en galant adversaire, vint l'aider à se relever, puis quand il le vit sur ses jambes, il lui offrit en guise de réparation un combat à coups de poings, que M. Capelle, déjà passablement mal arrangé, s'empressa de refuser.

Les voisins du libraire, accourus à son aide, s'emparèrent du jeune étudiant et le confièrent aux soins paternels des hommes de garde au poste de l'Odéon.

L'étudiant, dégrisé le lendemain matin, se leva de son lit de camp et se trouva couché sur un rapport assez fâcheux; puis il comparaît aujourd'hui devant le tribunal de police correctionnelle (7° chambre), et rejette les torts qu'il a pu avoir sur l'excellence d'un dîner un peu trop prolongé. Il se recommande à l'indulgence de ses juges.

Les témoins entendus, le tribunal a condamné le prévenu à six jours de prison et seize francs d'amende.

Madame Riès et M. Serré.—Adultère.

Mme Riès, jolie petite brune de trente ans, a eu le tort d'oublier ses devoirs et de se conduire comme si elle avait prêté serment à M. Riès devant le maire du treizième arrondissement, cet arrondissement fantastique, si cher aux grisettes et aux jeunes Don Juan.

Aussi, vient-elle s'asseoir sur les bancs de la 8e Chambre.

Mme Riès ne paraît point du tout pénétrée de sa situation ; elle sautille sur le banc, elle jette des regards de défi à son mari, elle se dit à elle-même des choses fort drôles, car elle rit de temps en temps aux éclats.

Son complice, M. Gustave Serré, jeune homme de dix-neuf ans, paraît moins gaillard ; sa tenue et sa physionomie expriment un repentir sincère.

Mme Ducornet, femme de ménage, dépose ainsi. — Je dirai toute la vérité, vu que c'est mon habitude. Mme Riès demeure au dessous de moi. J'ai vu bien souvent le jeune homme, sortir de chez elle, vers les cinq heures du matin. Un jour qu'ils étaient à la fenêtre, il l'embrassait ni p'us ni moins qu'Antinoüs, feu mon mari, m'embrassait le lendemain de nos noces... Enfin, une nuit... ma foi ! je ne sais pas trop si je dois... On a sa petite honte aussi.

M. le président. — Parlez, madame.

Mme Ducornet. — Ma foi, tant pis ! C'était une nuit.. voilà que j'entends des miaous, des soupirs, des sauts, toutes sortes de choses... Je croyais que c'était Rigolette, ma chatte, qui faisait des siennes... pas du tout ! elle était sur son oreiller, la pauvre bête ! Le bruit venait d'en dessous... juste du lit de Mme Riès, qui est placé sous ma commode... Et le plancher est si mince que... allons ! v'la encore la rougeur qui me vient...! bref! il y a eu pendant toute la nuit des jeux et des ris, comme dit la chanson ; et le lendemain à cinq heures du matin, le petit jeune homme sortait en tapinois de la chambre de Mme Riès.

M. le président. — Serré, avouez-vous ces relations avec la femme Riès ?

Serré. — Moi, du tout.. Nos âges ne sympathisaient pas. Je n'avais que du respect pour madame.

(La prévenue fait une grimace assez expressive.)

— Vous étiez continuellement chez elle ?

— Elle s'ennuyait. Je m'ennuyais aussi... Nous étions seuls chacun de notre côté. Alors nous nous sommes réunis pour faire la lecture.

— Les témoins entendus dans l'instruction vous ont vus un jour assis près l'un de l'autre, et dans une posture qui dénotait une grande intimité.

— Ah ! c'est vrai... Nos genoux se touchaient et nos têtes aussi. Mais je vais vous dire : nous lisions la *Bible* en commun. Le livre est un peu lourd, nous le soutenions tous les deux... La position est toute simple.

— Et le jour où vous vous embrassiez à la fenêtre ?

— C'est plus simple encore... Nous parcourions *Télémaque*, et comme nous lisions tous les deux des yeux, il fallait bien que nos têtes fussent rapprochées. Mme Ducornet aura cru que nous nous embrassions... Elle n'y voit plus.

— Et le singulier bruit que l'on a entendu dans la nuit?

— Ah! ça... c'est beaucoup plus simple encore... Madame avait de l'ouvrage pour jusqu'au matin, elle m'a prié de venir passer la nuit auprès d'elle pour la distraire : j'y ai consenti, et nous avons lu un roman de M. Paul de Kock. Et ma foi! nous avons tant ri, tant ri, que la Ducornet qui n'entend plus, a bien pu prendre tout ça pour des inconvenances.

—Vous saviez que cette femme était mariée?

— Mais non... Est-ce qu'à Paris toutes les demoiselles ne s'appellent pas Madame ?

La femme Riès est condamnée à quatre mois de prison ; Serré à 50 fr. d'amende, et tous deux solidairement aux dépens.

Affaire Sorel. — Une existence orageuse.

Le nommé Jean Sorel n'a que vingt ans et il se présente déjà devant la justice avec des antécédents très graves. Les délits qu'on lui reproche aujourd'hui sont nombreux, car il ne s'agit de rien moins que de vol, escroquerie, usage de faux noms dans des passeports, fabrication de faux certificats et port d'une arme prohibée.

Le prévenu a la tournure distinguée et modeste d'un jeune homme de bonne famille; il paraît avoir reçu une bonne éducation et s'exprime avec beaucoup de précision et de convenance. Mais sa tenue à l'audience a quelque chose de froid, d'impassible, de résolu, qui annonce une persistance systématique dans le mal et une grande indifférence pour le châtiment. Il y a quelque chose de douloureux dans le spectacle que donne un si jeune homme, déjà si avancé dans le vice et si insouciant de son avenir.

Jean Sorel, enfant naturel, est né à Saint-Chamant, en 1824. Sa mère le plaça dans une bonne pension ; mais il profita bien mal des leçons qu'il y avait reçues ; car à peine avait-il terminé ses études, qu'il se signala à Bordeaux par une action bien audacieuse et bien coupable.

Il s'était rendu dans cette ville pour y chercher une place dans l'instruction publique ; mais paresseux et sensuel, il aima mieux demander à des moyens frauduleux les moyens de vivre dans l'oisiveté.

Il se présenta dans plusieurs maisons de Bordeaux et fit une quête à son profit pour aller rejoindre, disait-il, Mgr. Dupuch, évêque d'Alger. Il réunit par ce moyen une somme assez forte et quitta la ville avant que la fraude eût été découverte.

Il alla à Lorient, et là prit le nom de Senton dit Sainville. Dans la ville bretonne il mit en usage les mêmes pratiques qu'il avait employées dans la ville gasconne. Mais soit qu'il ait été plus maladroit, soit que ses victimes aient été moins débonnaires, il tomba sous la main de la justice, et le tribunal correctionnel de Lorient le condamna, sous le nom de Senton dit Sainville, à un an et un jour de prison.

Jean Sorel fit le temps de sa peine dans la maison centrale de Rennes, et, à l'expiration, il se fit délivrer un passeport sous le faux nom qu'il avait pris.

L'instruction le perd quelque temps de vue, puis le retrouve à Bourges. Là, Jean Sorel trouve dans la chambre de l'auberge où il demeure des cartes de visite au nom de Gui-de-Fraël, sous-lieutenant au service de Charles V (don Carlos); il s'en empare et se dirige en toute hâte sur Orléans. A Orléans, il demande un passeport en montrant ses cartes de visite et en obtient un au nom de Gui-de-Fraël. Puis, muni de cette pièce, il arrive à Paris, cette grande cour des miracles, où tous les bohémiens du monde viennent si volontiers chercher un asile et des ressources.

Il descend dans l'hôtel du sieur Desron, rue Saint-André-des-Arcs. Il y demeure sept jours, sans que ses habitudes annonçassent qu'il se livrât à une occupation honnête et sincère. Il disait seulement à son hôte qu'il voyait tous les jours M. de Larochefoucauld, qui était son protecteur et qui devait lui procurer une bonne place. Un soir, il prit pour écrire dans sa chambre un énorme encrier qui se trouvait sur la table du sieur Desron, et au dos duquel était appendue une montre d'or. Desron voulut ôter la montre : « Non, non, lui dit Jean Sorel, laissez la montre, il faut que je me lève demain dès l'aurore pour aller remplir les fonctions que m'a procurées ce digne M. de Larochefoucauld. De cette façon je connaîtrai l'heure et cela vous dispensera de venir m'avertir. » Desron eut l'imprudence de laisser son cher bijou au prétendu Gui-de-Fraël, et le lendemain l'Espagnol était parti avec la montre, un canif et un grattoir.

Nous trouvons ensuite Jean Sorel dans un garni de la rue Saint-Denis; il était dans une misère profonde lorsqu'il trouva par hasard, dans la rue, une lettre de M. Manglard, curé de Saint-Eustache. Jean Sorel, dont le génie est fort inventif, vit tout de suite le parti qu'il pouvait tirer de cette pièce que le hasard avait mise entre ses mains. Il s'étudia à imiter l'écriture et la signature de M. Manglard, et fabriqua la lettre suivante :

« Permettez-moi de vous recommander le nommé Julien Haulnoys, natif d'Epernay (Marne), porteur de la présente.

» Ce jeune homme est doué d'un excellent caractère et d'une vocation très prononcée pour l'état ecclésiastique; il se rend au grand séminaire de Reims, où il est reçu gratuitement par la protection de M. Dumas, chanoine honoraire de ce diocèse; mais n'ayant que bien peu de ressources pour son trousseau ainsi que pour son voyage, j'ai cru devoir le confier à la bienveillance des âmes charitables qui, j'espère, daigneront venir en aide à sa bonne vocation.   » MANGLARD,

» curé de Saint-Eustache. »

Puis il alla à l'étalage d'un graveur, copia

sur des cartes de visite les noms de plusieurs personnes distinguées et leurs adresses, et se présenta chez elles avec la lettre de M. Manglard. Plusieurs d'entre elles lui donnèrent de l'argent, et à mesure qu'il avait fait une nouvelle dupe, il la priait d'écrire son nom et le montant de sa contribution au dos de la fausse lettre de M. Manglard. Ainsi, chaque dupe lui servait à en faire une autre.

Entre autres noms, on trouve ceux-ci au dos de la lettre :

MM. Lacoste, curé de Saint-Laurent, 5 fr.; Martin de Noirlieu, curé de Saint-Jacques-du-Haut-Pas, 5 francs; Darwel, curé de Notre-Dame-de-Lorette, 5 francs; Souquet de la Tour, curé de St-Thomas-d'Aquin, 10 fr; Morel, curé de St-Roch, 10 fr. ; Marie, curé de St-Germain-des-Près, 10 fr.; Benzelin, curé de la Madeleine, 5 fr.; duc d'Albuféra, 5 fr.; comte de St-Aignan, 5 fr.; comte de Béthune-Sully, 5 fr.; duchesse de Praslin, 5 fr.; Raoul-Rochette, 5 fr.; prince de la Moskowa, 10 fr., marquise de la Châtaigneraie, 5 fr.; M. Dupanloup, supérieur du séminaire de St-Nicolas, 5 fr.; de Reusse, 5 fr.; comte de Truguet, 5 fr.; Colin, curé de St-Sulpice, 10 fr.; Rendu, 12 fr.

Au nom de M. Rendu, se rattache un incident assez singulier.

Le prévenu était allé au ministère de l'instruction publique, où M. Rendu, membre du conseil royal, travaillait toute la journée, et lui avait montré la lettre de M. Manglard. M. Rendu avait mis de sa main, sur la lettre, le chiffre 2, et avait donné 2 francs à Jean Sorel. Le prévenu ajouta ensuite un 1 devant le 2, forma ainsi le chiffre 12, et alla chez Mme Rendu, à laquelle il demanda cette somme de la part de son mari; Mme Rendu la donna.

Ces escroqueries ne pouvaient tarder à être découvertes. Un jour, plusieurs personnes qui faisaient partie, avec M. l'abbé Manglard, d'une assemblée de charité, et chez lesquelles Jean Sorel s'était présenté de sa part, lui demandèrent des nouvelles de son protégé. M. Manglard fut bien étonné, comme on le comprend, et des explications échangées il résulta que le séminariste de Reims était un escroc. M. le baron Gustave de Gérando, substitut du procureur-général à la Cour royale de Paris, faisait partie de cette même société de bienfaisance; il assista aux explications et recueillit tous les détails.

Quelques jours après, Jean Sorel se présenta justement chez M. de Gérando avec sa lettre fabriquée; il ne pouvait plus mal tomber. M. de Gérando appela son domestique et fit arrêter l'escroc. Il fut conduit au poste, et on trouva sur lui un couteau-poignard.

A l'audience, Jean Sorel avoue tous les faits, sauf celui du vol de la montre.

M. l'avocat du roi de Gaujal soutient la prévention.

Jean Sorel est condamné à trois ans de prison, 50 francs d'amende et cinq ans de surveillance de la haute police.

Il se retire sans donner la moindre marque d'émotion.

9

TRIBUNAL CIVIL DE LA SEINE.

5ᵉ CHAMBRE.

PRESIDENCE DE M. BARBOU.

Audiencedu 18 mai 1844.

Mlle Victoire Munier contre M. Laurent. — Demande en restitution d'effets. — Tribulations de deux amoureux.

Mlle Victoire Munier, jeune et aimable grisette, séparée violemment de l'objet de sa passion par la barbarie d'un père dénaturé, a imaginé de se venger en lui faisant un bon procès. En conséquence elle est venue l'accuser de lui avoir enlevé ses malles et de les conserver malgré toutes ses réclamations.

Malheureusement pour elle M. Laurent, le père en question, est venu expliquer les faits d'une toute autre manière, Mᵉ Langlois son avocat expose ainsi les faits.

Mlle Victoire Munier, dit-il, a composé un petit roman où elle joue à ravir le rôle de femme persécutée ; pendant qu'elle était en train, elle eut dû nous exhiber un certificat déposé dans son dossier où un ancien capitaine fait les plus grands éloges de sa vertu ; mais elle a senti sans doute qu'il est de ces attestations qui font plus de mal que de bien ; aussi n'a-t-elle pas jugé convenable d'en parler ; elle eut encore mieux fait de ne point nous intenter de procès ; car les faits quelle vient de vous exposer ont été étrangement travestis et voici tout simplement ce qui s'est passé.

M. Laurent a un fils dont la conduite avait toujours été parfaite ; l'année dernière on s'aperçut que ses habitudes changeaient, qu'il devenait moins laborieux, que les demandes d'argent se répétaient plus fréquemment.

Bientôt les créanciers se présentèrent, et on acquit la certitude qu'il vivait dans le désordre. L'auteur de ce changement était cette jeune ouvrière qui fait aujourd'hui le procès. Elle avait inspiré à Laurent fils une passion folle, extravagante, et qui se résumait pour le père, au moment où il l'apprit, en huit ou dix lettres de change à payer. M. Laurent paya, et reçut en retour les plus belles promesses. Mais au bout de quelques semaines Mlle Victoire avait ressaisi tout son empire, et naturellement de nouvelles lettres de change étaient en circulation.

M. Laurent compris que son fils serait incorrigible tant qu'il resterait à Paris, et prit le parti de l'envoyer à la Nouvelle-Orléans, où il a une maison de commerce. Mlle Victoire trouva un petit voyage en Amérique fort à son gré ; et l'on convint, à ce qu'il paraît, qu'on se retrouverait au Havre. Le mobilier commun fut vendu, et pendant que MM. Laurent père et fils partaient d'un côté, Mlle Victoire quittait aussi Paris pleine d'espérance.

Malheureusement pour les auteurs de cette petite conspiration, M. Laurent père avait une idée bien arrêtée. On s'était imaginé qu'il accompagnerait son fils jusqu'au Havre, et

puis qu'arrivé là il s'empresserait de reprendre
la voiture de Paris. Ce n'était pas cela du tout.
M. Laurent est défiant, il voulait voir, de ses
propres yeux, son fils s'embarquer, et s'embarquer seul. C'est-là ce qui fit échouer la
savante combinaison de Mlle Victoire. Elle était
allée loger à l'hôtel de Rouen ; il fallut bien
se voir pour concerter un nouveau plan ; et
M. Laurent qui n'avait rien à faire au Havre
que de surveiller son fils, apprit bien vite la
présence de l'ennemi. Deviner ce qu'elle venait faire au Havre n'était pas chose difficile.
M. Laurent alla prier le commissaire de police
d'intervenir ; et Mlle Victoire fut invitée à re-
partir immédiatement ; ce qu'elle fit d'ailleurs
de la meilleure grâce du monde. Quelques
jours après, M. Laurent accompagna son fils
jusqu'en pleine mer ; puis il alla à l'hôtel de
Rouen, où Mlle Victoire avait oublié de payer ;
il paya pour elle, fit enlever les caisses qu'on
lui réclame aujourd'hui, et revint à Paris.

Je puis donner au Tribunal la preuve de ce
que j'ai dit de la passion extravagante de
M. Laurent. Voici la lettre qu'il écrivit à sa
mère dans l'explosion du mécontentement qu'ex-
cita en lui le brusque départ de Mlle Victoire.

« Ma mère,

» Un accident imprévu est venu suspendre
la joie que j'éprouvais en partant pour l'étranger. Je ne peux résister à emmener avec moi
la femme que j'aime le plus au monde. Ce
seul bonheur m'est refusé, et la mort va venir
terminer deux existences qui, ne pouvant
être unies sur cette terre, le seront pour l'éter-

nité... Plus d'espoir..., il faut mourir. J'accomplirai avec courage et résignation ce dernier sacrifice au monde, où tout n'est qu'amère dérision, espoir déçu, fatalité... Malheur et malédiction à tous ceux qui m'ont trahi !... Adieu ma mère, pardonne-moi encore. »

Heureusement le lendemain M. Laurent fils avait oublié ce projet coupable et insensé. Depuis qu'il a quitté la France, il a repris ses bonnes habitudes, et, grâce à la fermeté de son père, c'en est fini de l'empire de Mlle Victoire.

Le Tribunal, considérant que M. Laurent père avait fait offre de restituer tout ce qui appartenait à Mlle Victoire, et ne voulant retenir que ce qui appartenait à son fils dans les caisses retirées du Havre, a validé ces offres, et a condamné Mlle Victoire aux dépens.

COUR ROYALE DE PARIS.

4ᵉ CHAMBRE.

PRÉSIDENCE DE M. CAUCHY.

Audience du 8 mars 1844.

Herpin contre Letellier. — Séduction d'une modiste. — Lettre de change.

M. Letellier a fait à 18 ans son entrée dans le monde, en séduisant une modiste, logée en garni, rue Feydeau, et ayant accompli sa trentième année. D'abord l'enivrement d'un premier amour empêcha Antonia (c'est le nom de la modiste) de songer à sa faute ; mais sa conscience ne tarda pas à reprendre le dessus, et tourmentée qu'elle était de scrupules, elle obtint de son suborneur, pour réparer autant que possible son honneur compromis, l'acceptation de 2,500 fr. de lettres de change.

Letellier eut depuis, à ce qu'il paraît, regret d'avoir si amplement réparé l'honneur de Mlle Antonia, et il eut l'ingénieuse idée d'écrire, en novembre 1842, à M. le procureur du roi de Rouen, la lettre suivante : -

 Monsieur,

« Il y a environ deux ans, je *soussignai* pour 2,500 fr. de lettres de change en blanc, plus un écrit par lequel je reconnais avoir reçu ces 2,500 fr. (elles sont payables en janvier et février 1843). Mais, aujourd'hui, cela me donne de l'inquiétude, et c'est pourquoi je viens vous prier de vouloir bien m'aider de vos conseils.

» J'avais alors dix-neuf ans. Une femme avec laquelle j'avais des relations, me prit un matin, après m'avoir fait boire, et me dit de lui signer des billets, n'ayant pas mon sang-froid, je signai; mais ma signature n'est pas reconnaissable. Ayant réfléchi dans le jour, sur ce que j'avais fait, je sollicitai de cette dame qu'elle me remit les lettres de change qu'elle avait à moi. N'ayant pas consenti, ce fut une rupture. Je fus déclarer au commissaire de police mon aventure, qui m'a dit que cela regardait mon père. Mais comme je voulais que mon père ignorât ma folie, je ne lui en dis rien, et cette affaire en resta là ; mais depuis mon père est venu à mourir, et je ne suis point encore majeur. C'est pourquoi, je viens solliciter un conseil de votre obligeance. »

Nous ignorons quel conseil M. le procureur du roi de Rouen a donné à Letellier, et s'il lui a donné un conseil; ce qu'il y a de positif, c'est que les billets, étant venus à échéance, ne furent pas payés.

Un sieur Herpin, se présentant comme tiers porteur, assigna Letellier devant le tribunal de commerce, qui le condamna au paiement.

Sur l'appel, la Cour, conformément aux conclusions de M. Poinsot, avocat-général, considérant qu'il résulte des pièces et des circonstances que les billets ont été souscrits par Letellier, pendant sa minorité, et qu'ils n'ont pas de cause licite, a infirmé la sentence et annulé les billets.

Angleterre.

COUR CRIMINELLE CENTRALE DE LONDRES.

Présidence de M. le baron Anderson.

Audiences des 8 et 9 mai.

Assassinat. — Un jury affamé. — Longue délibération.

William Crouch, ouvrier, marié depuis moins de deux années à une jeune femme, dont il avait un enfant encore au berceau, paraissait vivre avec elle en bonne intelligence. Dans la soirée du 30 mars, il revint de son ouvrage; il fredonnait le refrain d'une chanson populaire : *Adieu donc, ma bien aimée! adieu!* A ces chants succédèrent tout à coup des cris horribles. Sarah Simpson, que mistriss Crouch avait eu d'un premier mariage, criait : « Au secours! on assassine ma mère! » Une voisine accourut, elle trouva la malheureuse femme inanimée et baignée dans son sang. Crouch lui avait coupé la gorge avec un rasoir. Il se laissa arrêter par la voisine sans résistance, et ne chercha pas un seul instant à nier son crime; il dit qu'il n'avait aucune animosité contre sa femme, et qu'il n'avait pu s'empêcher de faire ce mauvais coup.

Le seul moyen allégué en faveur de l'accusé était son état mental. Crouch a été conduit à l'hôpital d'Epeter à la suite d'un accident grave; il y a passé six jours dans un état voisin de la folie; mais, depuis, il n'a donné aucun signe de démence.

Les jurés sont entrés fort tard en délibération; on croyait qu'ils n'y resteraient pas longtemps. Le président, le baron Anderson, s'est retiré sans donner l'ordre de leur fournir au besoin des rafraîchissements, et il a laissé à son collègue, M. le juge Coltman, le soin de recevoir la déclaration et de statuer sur l'application de la loi.

Les jurés, n'ayant pu se mettre d'accord, sont restés toute la nuit sous les verroux sans boire ni manger. On répondait à leurs pressantes réclamations : Vous auriez dû, avant de vous retirer dans votre chambre, adresser votre demande à M. Anderson, qui seul a autorité pour y satisfaire.

Le lendemain matin, M. le juge Coltman a ouvert l'audience et fait appeler les jurés.

Le chef des jurés a dit : Nous désirerions connaître les dépositions reçues dans l'instruction sur l'état mental de l'accusé.

M. Coltman : M. le baron Anderson, mon collègue, a seul le droit de vous donner lecture des dépositions; il est malheureusement engagé dans une autre affaire, mais je vais lui envoyer un message.

Le chef du jury : En attendant, la Cour voudrait-elle nous faire servir à déjeuner?

M. Coltman : Je n'ai pas ce pouvoir; il faut attendre M. le baron.

Les jurés, qui paraissaient épuisés d'inanition, sont rentrés dans leur chambre, où ils ont été examinés par M. Mac-Murdo, chirurgien de Newgate.

M. Mac-Murdo est venu une demi-heure après déclarer à l'audience que sept des jurés, dont il avait pris les noms, se trouvaient fortement incommodés.

M. Coltman : Y aurait-il danger pour leur vie ?

M. Mac-Murdo : Pas précisément, mais si cet état de privation absolue continuait, ils pourraient éprouver quelque maladie grave.

Le juge a fait rentrer les jurés et leur a demandé s'ils étaient enfin unanimes.

Le chef des jurés : Moins que jamais, car la plupart de ces messieurs souffrent tellement qu'ils n'ont pas assez de liberté d'esprit pour s'occuper de l'affaire.

Le juge : C'est extrêmement fâcheux, j'attends le baron Anderson d'un moment à l'autre... Ah ! justement, le voici.

M. le baron Anderson étant monté sur son siége, a dit : « Le fait qui embarrasse MM. les jurés me semble facile à résoudre : il paraît qu'en effet l'accusé a failli être trépané il y a peu d'années ; mais rien ne prouve qu'il ait été véritablement aliéné. Les témoins entendus au tribunal de police et devant la Cour ont affirmé qu'il y avait dans son fait plus de stupidité que de folie. D'après cela, vous aurez à décider s'il jouissait d'une raison suffisante pour qu'on puisse le rendre responsable du crime. »

Les jurés sont rentrés dans leur chambre,

et pressés de retourner chez eux, ils ont déclaré l'accusé coupable. La Cour a condamné
William Crouch à la peine capitale.

Ce dénoûment singulier rappelle le début
du troisième chant de la *Boucle de cheveux
enlevée.*

Pope dit que c'était l'heure où les juges af-
famés se dépêchent de signer la sentence et de
faire pendre un pauvre diable pour que le jury
puisse aller dîner.

*The hungry judges soon the sentence sign,
And wretches hang, that jurymen may dine.*

TABLE.

PARIS. — Imprimerie de Lacour et Compagnie, Rue Saint-Hyacinthe-Saint-Michel, 33.

Contraste insuffisant

NF Z 43-120-14

www.ingramcontent.com/pod-product-compliance
Lightning Source LLC
Chambersburg PA
CBHW070502200326
41519CB00013B/2685